JN035670

ビジネスを
加速させる

インスタグラム
Instagram
ショップ

制作・運用の
教科書

鵜ノ澤 直美　田村 憲孝

はじめに

Twitter、Instagram、TikTokなどSNSの利用者数は、年々増加しています。

2019年6月にFacebook Japanが開催したイベント「Insta Shopping Weekend」では、日本国内におけるInstagramの月間アクティブアカウント数が3300万人と発表されました。

Facebookの国内月間アクティブアカウント数である2600万人を超えたことで、Instagramはマーケティングにおいても重要なプラットフォームとなっています。

2018年6月にショッピング機能が国内ローンチされてから、ますますInstagramのビジネス利用が増加しています。

さらに全世界で月に1億3,000万人ものInstagram利用者がショッピング投稿内の商品タグをタップして見るようになるほど、Instagramは販売チャネルとして有効活用できるプラットフォームとして成長を遂げています。

また従来のショッピング機能のようにECサイトに遷移することなく、購入したい投稿アイテムをInstagram内で支払いまで完結させられる決済機能「チェックアウト」が海外で先行的にローンチされたことも話題になっています。米国ではライブショッピング機能やプロダクトのローンチスタンプから商品が購入できる機能、ARショッピング機能がテストされています。利用者にとってエンターテイメント性が高く、スムーズに購入できる環境が整いつつあります。

日本国内でもチェックアウトがローンチ目前と期待されており、Instagramのビジネス利用がますます加速していく見込みです。

認知から購入、さらにファン化までをInstagram上で完結できるよう

になり、ビジネス利用しやすいプラットフォームになりました。

　取り組む企業が増えるなか、運用の方向性に迷ったり、フォロワー数が伸び悩んだりと、課題を抱えることも少なくないようです。

　とくに、中小ビジネスにおいては「売上にどう結び付けていいかわからない」「何を投稿すれば集客に繋がるかわからない」など多くの悩みをお持ちではないでしょうか。

　そこで本書では、ショッピング機能の使い方とInstagramを効率的に運用できるノウハウを伝授します。ぜひビジネスの拡大に役立ててください。

2021年5月吉日

鵜ノ澤 直美

田村 憲孝

目　次

Chapter 1 Instagramをビジネス活用する

01 今こそInstagramを使ってみよう ································· 12

02 Instagramを販売チャネルにしよう ······················· 16

03 Instagramトレンドを取り入れよう ····················· 20

04 Instagramマーケティングを始める前に ················ 23

Chapter 2 Instagramショップの作り方

01 はじめに確認すること ································· 26

02 ショッピング機能の利用要件を確認する ·············· 32

03 ビジネスアカウントに切り替える ···················· 38

04 InstagramとFacebookページを紐づける ············· 46

05 ECサイト作成サービスを活用する ···················· 47

06 Facebookの商品カタログに商品を登録する………… 62

07 ショッピング機能活用の審査を受ける ……………… 73

08 ショッピング機能をオンにする…………………… 74

09 商品タグ／商品スタンプをつけて投稿実施する……… 75

❸ Instagramショップの基本

01 Instagramショップの PDCA運用 ………………… 80

02 売れるビジュアルの作り方 ………………………… 85

03 オンライン接客…………………………………… 94

04 ライブ配信で顧客とリアルタイムに繋がろう……… 101

05 人気ショップのテクニック ………………………… 106

Chapter 4 Instagramの機能を フル活用しよう

01 6つの配信面の使い分け方 ·· 110

02 さまざまなタグ付け方法 ··· 125

03 位置情報を活用 ··· 129

04 ダイレクトメッセージの効率化 ······································· 132

05 コメント機能の使い方 ··· 136

06 外部メディア連携 ·· 140

Chapter 5 効果的な集客方法 （コミュニケーション編）

01 コミュニティファーストという考え方 ……………… 144

02 フォロワーとの距離を近づけよう ……………… 148

03 フォロワーの増やし方 ……………… 155

04 ハッシュタグ設計 ……………… 157

05 インフルエンサーとのコミュニケーション ………… 160

Chapter 6 効果的な集客方法 （広告運用編）

01 Instagram広告とは ……………… 166

02 Instagram広告を配信するために ……………… 172

03 Instagram広告を配信しよう ……………… 185

04 購入してもらうための広告配信 ……………… 194

Chapter 7 Instagram運用の分析と改善

01 インサイトの語句を徹底解剖 200

02 分析ツールの活用 208

03 効果測定 213

Chapter **01**

Instagramを
ビジネス活用する

Chapter
01

Chapter
02

Chapter
03

Chapter
04

Chapter
05

Chapter
06

Chapter
07

Instagramをビジネス活用する

Section 01 今こそInstagramを 使ってみよう

→ 今時のInstagramとは？

　Instagramといえば若い女性に人気がある写真投稿アプリ、そう思っていませんか。2017年に「インスタ映え」が流行語大賞を受賞したころは、確かにその通りでした。しかし、今では日本の利用者は男性が43%、女性が57%と男性の利用者も半数近いことがわかります。さらに若年層以外にも、幅広く利用されていることが明らかになっています。以前までは「瞬間瞬間を切り取る写真加工の共有SNS」でしたが、今では「日常使いするビジュアルコミュニケーションのプラットフォーム」そして「発見型コマース」へ進化を遂げているのです。

　Instagramのミッションは「大切な人や大好きなことと、あなたを近づける」ことです。このミッションに基づいて、さまざまなアップデートが行われています。たとえば「発見」機能は2019年5月に登場しました。Instagramでフォローしているアカウント以外のコンテンツを見たくなったときに、虫眼鏡マークの発見タブを見ると、自分の趣味や興味関心に合った商品をはじめ、写真や動画の投稿を見つけられます。お気に入りの商品が見つかれば、ウィッシュリスト機能を使って保存しておくことができます。そして利用者は保存した商品をあとから見返して、店舗に行ったり、オンラインで購入したりします。このようにInstagramは「好き」でつながるコミュニティになっています。だからこそ「欲しい」という気持ちが掻き立てられます。つまりそこにビジネスチャンスがあるのです。

　Instagramは利用者の閲覧内容やいいねなどのアクションによって、表示すべきコンテンツを機械学習します。一人ひとりの異なる嗜好に対して、その人にぴったりの商品をレコメンドしてくれるのです。利用者は「何か自分にぴったりなものが欲しい」という気持ちでInstagramを眺め、Instagramは利用者にパーソナライズしたコンテンツを表示するということとです。

Chapter
01
Chapter
02
Chapter
03
Chapter
04
Chapter
05
Chapter
06
Chapter
07

　ということは、利用者自らがすでに知っている商品を探すだけでなく、商品が顧客を見つけ出し、未知の出会いを創出することができるのです。この利用者とビジネスをマッチングさせて結びつけることをFacebookは「発見型コマース」と呼んでいます。Instagramショップの運営者視点での最大のメリットは、購入の可能性が高い利用者にコンテンツを届けられることです。データと機械学習を活用したFacebook社のマーケティングエンジンを用いて、顧客のニーズを予測し、ブランドや商品を気に入る可能性が高い人々にアプローチできるということです。

●Instagram国内アクティブユーザー数の推移

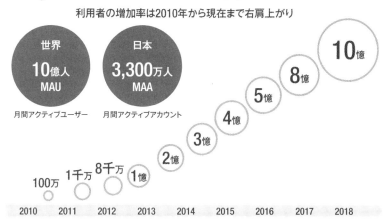

利用者の増加率は2010年から現在まで右肩上がり

●Instagram利用者の特性

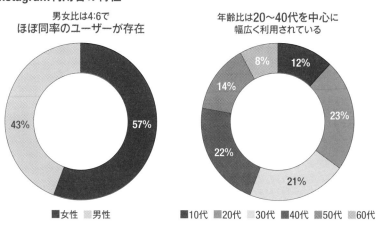

男女比は4:6で
ほぼ同率のユーザーが存在

年齢比は20〜40代を中心に
幅広く利用されている

Chapter
01

Chapter
02

Chapter
03

Chapter
04

Chapter
05

Chapter
06

Chapter
07

Instagramをビジネス活用する

→ Instagramが力を入れる中小ビジネス支援

　新型コロナウイルス感染症(COVID-19) による感染拡大を受け、Facebook Japanは中小企業を対象とした援助にも積極的です。中小企業約690社に対して、1社あたり25万円の助成金に加えて、15万円分の広告クレジットを供与すると発表しました。総額3億円規模の助成となります。これ以外にも、中小企業向けのビジネス活用ウェビナー開催や、オンライン教育プログラムを公開するなどの支援を継続的に続けています。

　実はアメリカ以外で唯一Instagramの開発チームがいるのは日本だけです。独自の開発チームがいるからこそ、コロナ禍でビジネス活用できる機能のアップデートが相次いでいます。たとえばInstagram利用者がお気に入りの飲食店に気軽に注文できるように「料理を注文」「ギフトカード」「お店を応援」スタンプをリリースしました。これは飲食店にとって集客に導ける便利な機能といえます。さらに2021年3月からInstagram上の地図から飲食店や美容室などを検索できる機能のテストを始めました。Instagramの利用者のクチコミ（ハッシュタグ投稿）を基にカフェやレストランを探せます。これらのアップデートから、中小ビジネスへの支援の力の入れ具合が読み取れるかと思います。

　ここからは、本書を手に取った皆様のビジネスに役立つ「ショッピング機能」について紐解いていきます。

→ Instagramをビジネス活用して売上に繋げる

　Instagramでショッピング機能を活用すると、利用者のスマートフォンの全画面をショーウィンドウに変えることができます。集客はもちろんのこと、商品の陳列や接客などのすべてをInstagram上で行うことが可能となります。新型コロナウイルス感染症の影響により対面の接客が難しい今こそ、オンライン接客に力を入れてみませんか。

　Instagramの利用者はビジネスの発信に好意的で、何らかのビジネスをフォローしている割合は90%です。Instagram上で好きなブランドや商品の発見を楽しんでいる利用者が大多数のため、ビジネス活用しやすいプラットフォームです。

アメリカでは小売業におけるeコマース比率は2020年1月から2月のたった2か月で10年分に匹敵するくらいデジタル化が一気に加速した（※1）といわれています。日本でも同様の傾向があり、従来は実店舗で購入していた商品をオンラインで購入した人は1.6倍（※2）となりました。

　実際に日本のInstagram利用者は商品タグがついている投稿などから商品詳細を見る割合は他国平均の3倍増加、国内利用者の割合は前年対比で65％上昇しています。爆発的に増えていることから、日本の利用者がInstagramでショッピングを楽しむことについて非常に好意的であるということが読み取れます。この機会を逃さず、ショッピング機能を活用してビジネス成長に繋げていきましょう。

※1、2　出典：オンラインセミナー「その先へ with Facebook - InstagramでEコマースを無料で始める」https://www.facebook.com/watch/?v=776204216508336

Chapter 01
Chapter 02
Chapter 03
Chapter 04
Chapter 05
Chapter 06
Chapter 07

Instagramをビジネス活用する

Chapter
01
Chapter
02
Chapter
03
Chapter
04
Chapter
05
Chapter
06
Chapter
07

Instagramをビジネス活用する

Instagramを販売チャネルにしよう

→ ショッピング機能の活用メリット

　ショッピング機能とは、Instagramで見かけた投稿に写っているアイテムを、利用者が公式ECサイトの商品ページを閲覧してすぐに購入できるようにする機能です。最大の利点はスムーズにオンラインショップに顧客を誘導できることです。言い換えると、ビジュアルでブランドの世界観を伝えながら、商品の価格や詳細などをInstagramで説明し、さらに自社サイトまで送客できます。

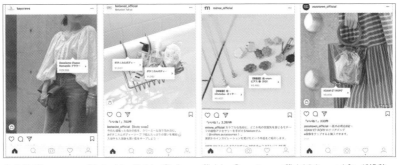

左から @baycrews、@botanist_official、@minne_official、@zozotown_officialのショッピング投稿
https://about.fb.com/ja/news/2018/06/instagram_shopping/

投稿からショッピングバッグのアイコンがついたタグをタップすると、商品詳細ページに遷移します
https://about.fb.com/ja/news/2018/09/shopping_in_stories/

Chapter

01

Chapter

02

Chapter

03

Chapter

04

Chapter

05

Chapter

06

Chapter

07

　利用者視点で解説すると次のようになります。利用者は興味を持ったフィード投稿の商品タグやストーリーズの商品スタンプをタップすると、アイテムの価格や詳細をすぐにInstagram上で確認でき、さらにそのまま商品を購入できるウェブサイトにアクセスして、手軽にショッピングを楽しむことができるのです。

　このようにショッピング機能が拡充し、またショッピングの利用者が増えているInstagramにおいて物販や飲食店経営をしているのであれば、ビジネス活用することは必然となってきているのです。

→ 注目の決済機能「チェックアウト」登場間近

　海外では、「チェックアウト（Checkout）」でシームレスに決済までをInstagramで行うことが可能です。これまではInstagramで気になる商品を見つけたらInstagram上で商品詳細を閲覧してECサイトへ遷移し、購入する必要がありました。しかし、チェックアウト機能を使えば、Instagramで決済までスムーズに行えます。このことから、Instagramはショッピング機能に力を入れていることが読み取れると思います。

　さらに先行してチェックアウト機能を活用している海外の一部の企業では、ARフィルターとショッピング機能を掛け合わせてより顧客体験を向上させる取り組みも行われています。

● ショッピング機能のこれまでとこれから

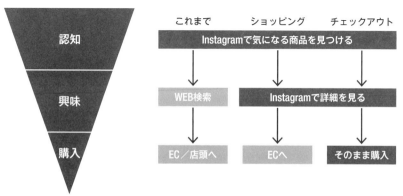

チェックアウト（決済）機能の実装により、Instagramは利用者の購買行動においてさらに大きな影響を与えます

Chapter
01

Chapter
02

Chapter
03

Chapter
04

Chapter
05

Chapter
06

Chapter
07

→ 発見から購入、ファン化までを実現する

　未顧客を顧客化、さらに顧客のファン化促進をInstagram上で行うことができます。日々、ブランドの魅力をハッシュタグをつけたフィード投稿で発信したり、テンポよくリール投稿で紹介したりすることによって未顧客が来訪します。日々の投稿でブランドの世界観を伝えて、さらにライブ配信やストーリーズのステッカー機能などを活用してブランドとファンの双方向コミュニケーションを叶えます。次の図のように、SNSマーケティングの理想は循環型マーケティングです。ファンがさらにファンを呼ぶ仕組みです。広告費を削減し、真の共創マーケティングを実現できます。

● 循環型マーケティングの図

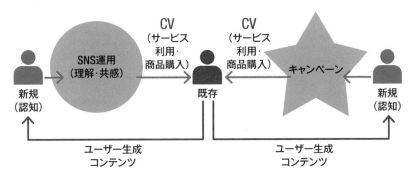

SNS運用により好意度醸成しながらファンを育成し、ファンからのクチコミが新たなファンを生むサイクルが理想

→ 創業1年半で月商5000万円を超えた事例

　小柄女性向けD2Cブランドcohina（コヒナ）は、Instagramを通じた顧客とのコミュニケーションに長けており、わずか創業1年半で月商5,000万円に達しました。成功の秘けつはInstagramをメディアとして扱い、ターゲットである小柄女性の役立つ情報発信を行ったことです。「#低身長」のハッシュタグをつけて、潜在層の目に触れるように発信していました。また毎日Instagramでライブ配信を行い、視聴者のお悩みに答えることで、顧客との関係値を築き上げています。このようにブランドの一方的な発信で

はなく、ターゲットが求める情報にチューニングして、情報発信すること
が重要です。

出典：小柄な女性向けアパレルD2C　商品1点から1年で月商5000万円に
https://xtrend.nikkei.com/atcl/contents/18/00204/00002/
https://exp-d.com/inside/5430/
cohina公式Instagram
https://www.instagram.com/cohina.official/

Chapter
01

Chapter
02

Chapter
03

Chapter
04

Chapter
05

Chapter
06

Chapter
07

Instagramをビジネス活用する

Section 03 Instagramトレンドを取り入れよう

→ インスタ映えはもう古い!? 利用者の動向とは

さて、Instagram運用をいざはじめるときに、投稿画像はどうあるべきでしょうか。企業のSNS担当者向けセミナーでは、参加者から「インスタ映えしなきゃいけないんでしょう？」とよく質問されます。「インスタ映え」という言葉で思い浮かべるのは、ナイトプール、羽のペイントが施された壁など、派手でコントラストの強い写真でしょうか。しかし、過剰なインスタ映えは過去の流行として認識されているのが現状です。Instagramはユーザートレンドの移り変わりが早いうえに、利用者層によって好みのビジュアルが異なります。これからアプローチしていきたい利用者が好む「最新のインスタ映え」を調べる必要があります。

それではここで、ターゲットとなるInstagram利用者の好む画像の傾向を調べてみましょう。まずはご自身の業種でハッシュタグ検索してみてください。たとえば「#ヘアサロン」「#カフェ」「#ネイルサロン」で検索してみます。表示されている人気投稿の共通点を探ってみましょう。

●最新トレンド収集シート

質問	回答例
トレンド収集する ハッシュタグは？	#カフェ
何を載せている人が多い？	スイーツ＋ドリンク＋自身の姿（ただし顔は写さず、手元や足元のファッションを写している）
どのような気持ちで 投稿している？	● おすすめのお店を紹介したい ● 自分自身のライフスタイルを知ってほしい
見る人はどのような気持ちで いいねしている？	● 紹介されているお店に行ってみたい ● 投稿者のライフスタイルに共感する

Chapter

01

Chapter

02

Chapter

03

Chapter

04

Chapter

05

Chapter

06

Chapter

07

写真の角度は？	パフェや立体的なケーキは横から断面が見えるように撮影
写真の色味は？	• ほとんど加工アプリを使用していない • 自然光の撮影
その他の特徴は？	• 一眼レフではなくスマートフォンで撮影したような写真 • 写真に文字入れしている人も目立つ • 全体的に余白感のあるシンプルなお洒落さ
ほかにつけている ハッシュタグは？	#カフェ部 #カフェ活 #カフェ巡り #カフェタイム #東京カフェ #コーヒータイム #コーヒーのある暮らし

　このように、ハッシュタグを検索して人気投稿の画像の共通点を探るだけでも、今この瞬間のユーザートレンドを導き出せます。わずか5～10分ほどで導き出せるので、ぜひやってみてください。

　最新トレンドシートをもとに投稿用の写真を撮影したり、画像を加工したりしてみましょう。

→ ターゲットの興味関心を知る方法

　先ほどは特定のハッシュタグを検索して、ユーザートレンドを分析する方法をお伝えしました。さらに中級者向けのTIPSとして、ターゲットが興味関心を持つ投稿の傾向を知る方法ご紹介します。ユーザートレンド収集用のInstagramアカウントを作成し、ターゲットの興味関心を機械学習させるというものです。

　Instagramは、興味関心を軸としてコンテンツを表示するアルゴリズムが非常に優れています。まずは思い描く顧客像と近いInstagram利用者のアカウントを10～20個ほどフォローしてみてください。いいねしたり、保存したり、投稿に対するアクションも行いましょう。すると、Instagram側で機械学習し、発見タブやタイムラインでターゲットが興味関心を持つ投稿が表示されやすくなるという仕組みです。

● ターゲットの興味関心を知る方法

トレンド収集用のアカウントを作成し、Instagramに学習させる

①アカウントを20個フォロー　②関連ハッシュタグを20個フォロー　③投稿をいいね　④検索タブや、TLでトレンドを取得

ユーザートレンド収集用アカウントを作り、隙間時間で流行りのコンテンツから学び取りましょう

　インターネット検索や雑誌などで、どんな食べ物やスマホ加工が流行っているか、ユーザートレンドに関する記事を探して読むのも効率的かと思います。しかし、今この瞬間のトレンドにあった投稿を作りたい場合には記事になってからでは遅いこともあるでしょう。そのため、ユーザートレンド収集用のInstagramアカウントを1つ作っておくと便利です。ぜひやってみてくださいね。

Chapter 01

Section 04 Instagramマーケティングを始める前に

→ Instagramマーケティングの考え方

Instagramを通じて潜在顧客やファンと繋がり、ビジネスを成長させる仕組みづくりをはじめましょう。Instagramマーケティングの基本として以下の4本の柱から成り立つと考えています。

4本の柱	語句の意味
1. オーガニック投稿	（広告やPRではない） 無料の通常投稿を指す
2. 広告配信	認知拡大などの目的別にInstagramや Facebookで有料配信する広告のこと
3. UGC·IGC活用	UGC（User Generated Contents）とは、 「ユーザー生成コンテンツ」のこと 一般ユーザーが発信するコンテンツを活用すること IGC（Influencer Generated Contents）とは、 「インフルエンサー生成コンテンツ」のこと 影響力を持つユーザーが発信するコンテンツを活用すること
4. ファンコミュニケーション	直接的なコミュニケーションを通してファンと良好な関係を築くこと

中小のビジネスではオーガニック投稿の発信のみに留まりがちですが、Instagramを使って集客を行いたい場合は、UGC活用と広告配信を組み合わせることで絶大な効果を発揮します。UGC活用については「Chapter05 Section02 フォロワーとの距離を近づけよう」で詳しく解説します。

ブランドの知名度アップには、日々のオーガニック投稿に加えて広告配信が効果的です。この話をSNS担当者にすると「広告配信するほどの予算がありません。オーガニック投稿だけでファンを増やしたいです」と仰る

Chapter 01
Chapter 02
Chapter 03
Chapter 04
Chapter 05
Chapter 06
Chapter 07

方も中にはいます。しかしながら、日々のオーガニック投稿制作にかける労力と、広告配信によって効率よくブーストされるパワーを天秤にかけると、数千円単位でも広告配信をしたほうが費用対効果がいい場合もあります。

　そしてUGC活用はInstagramマーケティングにおける醍醐味といってもいいでしょう。ユーザーコンテンツの量は増え続けており、企業1社が発信する情報量はユーザーが発信する情報量に勝てないとまでいわれています。その証拠にInstagramでは、1日に8,000万枚以上もの投稿がアップロードされています。

顧客がハッシュタグやタグ付けして投稿してくださった場合は、公式Instagramでぜひ紹介してみてください。顧客との関係値強化に繋がります。

　これらの4本の柱を軸としてInstagramを活用することで、ブランディングの向上、顧客のファン化促進、売上アップに繋がっていきます。

Instagram
ショップの作り方

Chapter 01
Chapter 02
Chapter 03
Chapter 04
Chapter 05
Chapter 06
Chapter 07

Instagramショップの作り方

はじめに確認すること

→ ショップを開設する7つのステップ

Instagramショップを開設するにあたり、大まかに以下の順序で進めていきます。ステップごとの詳しい説明は後述します。

<準備>
- ステップ1：ショッピング機能の利用要件を確認する
- ステップ2：ビジネスアカウントに切り替える
- ステップ3：InstagramとFacebookページを紐づける

<ショッピング機能の設定>
- ステップ4：Facebookの商品カタログに商品を登録する
- ステップ5：ショッピング機能活用の審査を受ける
- ステップ6：ショッピング機能をオンにする

<ショッピング機能の活用>
- ステップ7：商品タグ／商品スタンプをつけて投稿実施する

　設定がややこしく、少し面倒に感じるかもしれません。しかしステップによっては数分で終わるのでご安心ください。ステップ5のショッピング機能活用の審査は、通常であれば数日以内に完了しますが、さらに時間がかかることもあります。

　商品のオンライン発売時期が決まっている場合は、早めに着手しましょう。また申請ならびに審査にあたって公式ECサイトが公開されている必要があります。ということは、公式ECサイト開設当日に商品タグをつけた投稿は実施できません。公式ECサイト開設後に申請を行うことになるため、タイムラグが生じます。Instagramアカウントと公式ECサイト開設は同日

に行わず、Instagramアカウントで商品発売の告知投稿をしながら、その
あいだに公式ECサイトを開設して申請しておきましょう。

→ 準備するもの

　Instagramショップを開設するにあたって準備するものは以下の通りで
す。

準備するもの	補足
スマートフォン	写真撮影、アプリ加工、投稿などで使用します InstagramとFacebookのアプリをダウンロードしましょう InstagramショップはAppleデバイスとAndroidデバイス用のInstagramモバイルアプリでのみ閲覧できます
デスクトップ コンピューター	スマートフォンより商品登録がしやすいことから、Facebookが推奨しています また一部のツール（Instagramショップのカスタマイズができるコマースマネージャなど）はデスクトップコンピューターでのみ利用できます
Instagramの ビジネスアカウント	Instagramアカウントの作成方法、ならびにビジネスへの切り替え方法は後述します
Facebookアカウントおよび ショップのFacebookページ	ショッピング機能で表示する商品タグの商品名・価格・URLは、Facebookの商品カタログから情報を取得する仕様になっています そのため、Facebookの商品カタログに販売したい商品を登録する必要があります

　フォロワー数の多いアカウントや、法人として公式アカウントを運営す
る場合、私用のスマートフォンとInstagram投稿用のスマートフォンを分
けられると誤投稿のリスクを減らせます。運用担当者のプライベートな投
稿を誤って公式アカウントで発信しないように、可能であればスマートフ
ォンは分けましょう。そうはいってもコスト的な観点から私用スマートフ
ォンで投稿するのを避けられない場合、投稿前にアカウントは間違いない
かをかならずチェックする癖をつける必要があります。誤投稿がどうして

Chapter 01
Chapter 02
Chapter 03
Chapter 04
Chapter 05
Chapter 06
Chapter 07

Instagramショップの作り方

Chapter 01
Chapter 02
Chapter 03
Chapter 04
Chapter 05
Chapter 06
Chapter 07

Instagramショップの作り方

も心配な方は、公式Instagramで投稿したり、インサイトを確認したりする以外の時間は公式アカウントからログアウトしておきましょう。

→ Instagramアカウントを開設しよう

　それではここからは、Instagram初心者向けにアカウントを開設する方法をご紹介します。すでにアカウントをお持ちの場合は次のセクションにお進みください。

　まずは、Instagramのアカウント登録ページにアクセスします。メールアドレス、フルネーム、ユーザーネーム（「@～」となるアカウント名です）、パスワードを入力していきましょう。アカウント乗っ取り被害に合わないためにも、複雑なパスワードを設定することを推奨します。ユーザーネームは後からでも変更可能です。

　ただし、フルネームは14日以内に名前を変更できる回数は2回までなので注意が必要です。周りから知られている名前として、ビジネス名や氏名を使用すると、検索で見つけられやすくなるメリットがあります。

● アカウント登録

ユーザーネームは「@」から始まるアカウント名で、半角英数字やアンダースコア、ピリオドを使用可能
https://www.instagram.com/accounts/emailsignup/

28

● 誕生日登録

ほとんどの国で13歳未満
は利用禁止

　次に、誕生日を入力します。最適な機能や広告を表示するために入力必須となっています。そして、メールアドレスに送信された認証コードを入力します。これでInstagramのアカウント開設は完了です。

● 認証

認証コードを入力すれば
アカウント開設完了

Chapter 01
Chapter 02
Chapter 03
Chapter 04
Chapter 05
Chapter 06
Chapter 07

Instagramショップの作り方

Chapter 01
Chapter 02
Chapter 03
Chapter 04
Chapter 05
Chapter 06
Chapter 07
Instagramショップの作り方

→ 「ショッピング機能」と「ショップ機能」の違い

この見出し、なかなかややこしいですよね。そもそも「ショッピング機能」と「ショップ機能」って一緒じゃないの？　と思う方もいらっしゃることでしょう。実はこの2つは別々の機能なのです。ショッピング機能が基本で、ショップ機能が応用と捉えていただくと理解しやすいかもしれません。

まずInstagramで商品を購入すると聞いて、皆様の多くがイメージするのはおそらく「ショッピング機能」のほうです。投稿をタップすると商品タグが表示されて、商品タグをタップすると商品詳細を閲覧でき、ECサイトに遷移して商品を購入できます。これがショッピング機能です。

そして「ショップ機能」は「ショッピング機能」よりあとにリリースされた機能です。「ショップ機能」の特徴は2つあります。

1つ目はFacebookのファミリーアプリ上で同一のオンラインショップを運営できます。ファミリーアプリとは、Facebookが開発・運営しているFacebook、Instagram、Messengerを指します。利用者がファミリーアプリを横断して、より管理しやすくなるようアップデートが行われています。ショップに関するアップデートでは、InstagramとFacebookの両方で同じショップを運営できるようになりました。従来はFacebookページ上のショップと、Instagramショッピング機能しかなく、それぞれを運営する必要がありました。

2つ目は「コレクション」機能を利用できます。テーマに合わせて商品を分類したり、UIの色を変更できたり、ブランドの世界観を表現しやすくなりました。たとえば「バレンタイン特集」といった季節ごとの訴求や、「人気商品」「A/W」「即納アイテム」「今流行りのワンマイルウェア」などさまざまなテーマで自社の商品をまとめることができます。

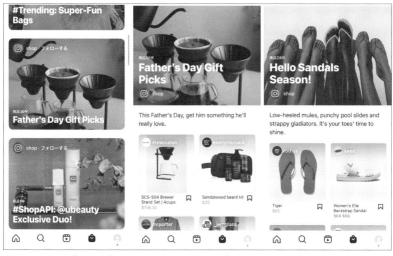

Instagramショップは、アプリ下部のショッピングのタブ（買い物バッグアイコンのタブ）をタップすると表示される

Chapter 01
Chapter 02
Chapter 03
Chapter 04
Chapter 05
Chapter 06
Chapter 07

Instagramショップの作り方

Chapter 01
Chapter 02
Chapter 03
Chapter 04
Chapter 05
Chapter 06
Chapter 07

ショッピング機能の
利用要件を確認する

→ ショッピング機能の利用条件

　まずはじめに、Instagramが公式で発表しているショッピング機能の利用要件を確認しましょう。

1. Instagramショッピングを利用できる国に拠点がある
2. Instagramのショップで販売可能な商品を扱っている（＝有形商品を販売するビジネスである）
3. 販売者契約とコマースポリシーを遵守している
4. ビジネスで所有しているウェブサイトドメインで商品を販売する予定である

出典：公式解説ページより（https://business.instagram.com/shopping/）

　これらの要件を満たしていない場合は、ショッピング機能の審査が通らなかったり、最悪の場合はアカウントを停止されたりすることがあります。

　1つ目の「1.Instagramショッピングを利用できる国に拠点がある」では、2020年9月現在、アジア太平洋では日本、韓国、香港、オーストラリア、フィリピン、ニュージーランド、シンガポールが対象です。出張や旅行などで、利用できる国ではない場所に一時滞在している場合でも、投稿に商品タグをつけられなくなる可能性があるのでご注意ください。アカウントが利用を再開できるようになるまでに、最大2週間かかることもあるようです。

　2つ目の「2.Instagramのショップで販売可能な商品を扱っている」では、以下のコマース商品の売買が禁じられているので注意が必要です。

●禁止されているコンテンツ

1. コミュニティ規定違反	10. 危険物および有害物質	17. 医薬品、薬物、麻薬に関連する器具
2. 成人向け製品	12. 栄養補助食品	18. 明らかに性的なものとして販売されている製品
3. アルコール	13. 求人	
4. 動物	14. 医療・ヘルスケア製品	
5. 体の一部や体液		19. リコールされた製品
6. デジタルメディアおよび電子機器	15. 誤解を招くもの、虚偽的なもの、不快感を与えるもの	20. サービス
7. 差別		23. 第三者の権利侵害
8. ドキュメント、通貨、金融商品	16. 販売中のアイテムがない	24. タバコ製品や関連する器具
9. ギャンブル		25. 武器、弾薬、爆発物

　お酒・たばこ・無形サービスは対象外です。特筆すべき点としては「20.サービス」です。ヘアスタイリングやスパサービスなど、個人的な健康サービス、フィットネスサービスなどは対象外となります。美容室やフィットネスクラブがInstagramで発信すること自体は問題ありませんが、ショッピング機能を使って商品タグをつけることはできません。

　ただし、記載している項目自体が不可であっても、内容次第ではショッピング機能の利用が認められるケースもあります。たとえば「3. アルコール」では、アルコール飲料の販売は禁止でも、アルコールに関する本またはDVDの販売や、グラス、クーラー、ワインボトルホルダーなど、アルコール関連アイテムは販売可能です。

　販売しようとしている商品が禁止されているコンテンツに該当しそうな場合、コマースポリシーをご確認ください。

　3つ目の「3. 販売者契約とコマースポリシーを遵守している」では、ショッピング機能に関するルールが記載されています。実際にページを一読しておきましょう。さらにInstagramの利用規約とコミュニティガイドラインも必読です。不定期に更新されるため、本書の解説を参考にしていただきつつ、公式サイトのページで最新情報をご確認ください。

Chapter 01
Chapter 02
Chapter 03
Chapter 04
Chapter 05
Chapter 06
Chapter 07

Chapter 01
Chapter 02
Chapter 03
Chapter 04
Chapter 05
Chapter 06
Chapter 07

Instagramショップの作り方

● コマース商品販売者契約

コマース商品販売者契約

以下の規約(以下「**本販売者利用規約**」)は、Facebook利用規約のほか、Instagram利用規約など適用されるその他の規約およびポリシーとともに、Facebook Payを含むFacebook製品上で、または同製品を介して利用者(以下「**利用者**」)に対して商品やサービスを表示し、その販売、リース、または賃貸の宣伝、またはその販売、リース、賃貸を行う販売者に向けて弊社が提供するコマースサービス(以下「**販売者コマース機能**」)の利用に適用されます。

第1節: 商品リスト、および販売者コマース機能の利用

1. 弊社は、販売者もしくは販売者に代わる者が共有した商品やサービスのリスト(以下「**商品リスト**」)、または販売者もしくは販売者に代わる者が共有した他のコンテンツ、データ、もしくは情報(以下、商品リストと併せて「**販売者コンテンツ**」と総称)をFacebook製品上で表示することがあります。販売者によるFacebookビジネスツールの利用には、Facebookビジネスツール利用規約が継続して適用されます。

2. 販売者コンテンツおよび販売者コマース機能は、弊社のコマースポリシー、コマースの利用要件、弊社が適用するその他のポリシー、および適用される法律、規則、規制に常に準拠する必要があります。販売者は、販売者コマース機能を通じて、偽造品や海賊版の商品またはサービスを提供または販売してはなりません。販売者は、米国の包括制裁法が適用される国や地域における活動、個人もしくは団体に関連して、または適用される米国もしくは米国以外の経済制裁法に違反する活動、個人もしくは団体に関連して販売者コマース機能を利用してはなりません。販売者コマース機能が販売者の意図する用途に適したものであるかどうかの判断は、販売者自身の責任で行うものとします。

3. 販売者は販売者コンテンツをさまざまな方法で提供できます。提供方法には、Facebook APIを使用する方法や、販売者のドメインおよび販売者が提供したウェブページやその他のURLから、Facebookがソフトウェアによる自動処理によって情報を取得できるようにする方法などが含まれます。FacebookまたはFacebookの代行業者は、販売者コマース機能もしくはFacebookポリシーの実施またはその両方に関連して、ソフトウェアによる自動処理によるものを含め、販売者の販売者コンテンツに関連付けられたドメインおよびウェブページにアクセスしたり、これらのインデックスの作成、キャッシュ化、分析、クローリングを行ったりすることができます。販売者は、販売者コンテンツに関連するURLまたは類似のコンテンツを提供する場合、そのURLおよび当該URLを介して提供するコンテンツ(もしくはその一部)へのアクセスや、これらのインデックスの作成、キャッシュ化、分析、クローリングを行う権利、および、販売者のアカウント設定に応じて、当該URLから定期的に最新情報を取得して販売者の販売者コンテンツを作成、拡張、またはアップデートする権利を、Facebook、Facebookの代行業者に付与するものとします。

4. 販売者が提供する販売者コンテンツの内容(説明、価格、手数料、販売者が計算する税金、法律上要求される開示事項および割引価格や宣伝内容など)については、販売者が単独でその責任を負うものとし、また販売者は、かかる販売者コンテンツとして、虚偽のない、正確かつ完全なコンテンツを提供することに同意するものとします。

5. 販売者は、利用者とのやり取りに適用される、すべての販売規約、プライバシーポリシー、その他の規約や、販売者の販売者コンテンツに関連のあるその他の情報、開示事項を表示する責任を負います。これらの規約、情報、開示事項は、弊社を法的に拘束するものではありません。また、本販売者利用規約ならびに適用されるその他の弊社およびポリシーに矛盾するものであってはなりません。

6. 販売者は、販売者コマース機能に関して販売者が提供する、または弊社がアクセスする販売者コンテンツ(Facebook製品に関連する写真および/動画を含む)をホスト、使用、配布、変更、実行、複製、公演、提供、公開、翻訳する、およびその派生作品を作成

https://www.facebook.com/legal/commerce_product_merchant_agreement

● コマースポリシー

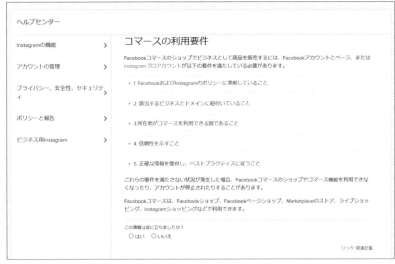

https://help.instagram.com/1627591223954487

● 利用規約

https://help.instagram.com/478745558852511

● コミュニティガイドライン

https://help.instagram.com/477434105621119

Chapter 01
Chapter 02
Chapter 03
Chapter 04
Chapter 05
Chapter 06
Chapter 07

Instagramショップの作り方

Chapter 01

Chapter 02

Chapter 03

Chapter 04

Chapter 05

Chapter 06

Chapter 07

気づかないうちにInstagramのコミュニティガイドラインを違反してい
たなんてことは避けたいですよね。特に注意したい項目は以下の3点です。

特に注意したい項目1. 写真や動画は、自分で撮ったか、 共有する権利を得ているもののみをシェアしてください。

Instagramに投稿されたコンテンツは、投稿者の所有物です。偽りのないコンテ
ンツを投稿することを心がけ、インターネットからコピーまたは入手した、あ
なた自身が投稿する権利を持っていないものは投稿しないでください。

　投稿する写真や動画は、自分で撮影したものか、もしくは掲載する許可
を得たコンテンツでないといけません。たとえば美容室のInstagramでお
客様が写っているヘアスタイルを掲載したい場合に、かならずお客様から
許可を得てください。無断掲載はトラブルに発展します。

特に注意したい項目2. 多様なオーディエンスに配慮した写真と 動画を投稿してください。

芸術的・創造的なヌード画像をシェアしたくなる場合があることも理解してい
ますが、Instagramではさまざまな理由からヌード画像を許可していません。こ
れには、性行為や性器、衣服を着けていない臀部のアップの写真、動画、デジタ
ル処理で作成されたコンテンツなどが含まれます。また、女性の乳首の写真も
許可されません。ただし、乳房切除術後の瘢痕や授乳をしている女性の写真は
許可されます。ヌードの絵画や彫刻の写真も許可されています。
子供の写真や動画はシェアしたいコンテンツの一つです。安全上の理由から、
全裸または半裸の子供の画像を削除する場合があります。コンテンツ自体は
悪意のないものであっても、予期しない形で他人に利用される可能性があるた
めです。詳しくは保護者のためのヒントのページをご覧ください。

　Instagramは世界の月間アクティブアカウント数が100億を超えており、
世界中で人気があるプラットフォームです。そのため、多様なオーディエ
ンスに配慮したコンテンツである必要があります。人種や民族、国籍、性
別、性同一性、性的嗜好、心情、障害、病気を理由に個人への暴力や攻撃
を促すことは認められません。ヘイトスピーチや個人への誹謗中傷も削除
されます。普段の何気ない発信が誰かを傷つけていないか、配慮は十分か
を意識しながらコンテンツを作っていきましょう。

Chapter 01
Chapter 02
Chapter 03
Chapter 04
Chapter 05
Chapter 06
Chapter 07

特に注意したい項目 3. 有意義で心のこもったやり取りを大切にしてください。

「いいね！」、フォロー、シェアを人為的に集めたり、同じコメントやコンテンツを繰り返し投稿したり、利用者の同意を得ずに商業目的で繰り返し連絡したりしないでください。スパムのない環境を維持しましょう。「いいね！」やフォロー、コメントを含むやり取りの見返りに、金銭や金券などのプレゼントを申し出たりしないでください。誤解を招く偽のユーザーレビューや評価の提供、勧誘、取引に関与したり、これらの行為を促進、奨励、助長、承認するようなコンテンツを投稿しないでください。
Instagramでは本名を使う必要はありません。ただし、正確で最新の利用者情報の提供をお願いしています。他人になりすましたり、Instagramのガイドラインに違反することや他の利用者を欺くことを目的にアカウントを作成したりしないでください。

フォロー＆いいねキャンペーンで、フォローといいねをする見返りに現金などのインセンティブ（賞品）を渡すようなことは禁止です。またアプリやサービスを利用して、自動的にいいねしたり、フォローしたりすることも禁じられています。お金でフォロワーやいいねを買ったりするのではなく、有意義で心のこもったコミュニケーションをとりましょう。

さて、Instagramショップを作る条件4つ目の「4. ビジネスで所有しているウェブサイトドメインで商品を販売する予定である」とは、公式ECサイトを所有しているかを意味しています。今はまだなくても、FacebookパートナーのEコマースプラットフォームで作成することも可能なのでご安心ください。具体的なパートナーとしては、ShopifyやBASE、STORESが挙げられます。Eコマースプラットフォームについては「Chapter02 Section05 ECサイト作成サービスを活用する」で解説します。

まれに利用要件を満たしていても、ショッピング機能の審査に通らないことがあります。その場合は、異議申し立てとして再度申請できます。

Chapter 01

Chapter 02

Chapter 03

Chapter 04

Chapter 05

Chapter 06

Chapter 07

Instagramショップの作り方

Section 03 ビジネスアカウントに切り替える

→ ビジネスアカウントでできること

　Instagramでショップを開設したり、広告配信したりできるようになります。逆に申し上げると、ビジネスアカウントにしなければInstagramショップは開設できません。さらに投稿やフォロワーに関するインサイトを確認することができるため、日々のコンテンツ改善に活かせます。投稿がどれくらいの人に見られていて、プロフィールビュー数やウェブサイトのクリック数がどれくらいあるのかを把握し、改善に役立てられます。無料で手軽にビジネスアカウントに切り替えることができるため、損することは絶対にありません。

→ ビジネスアカウントの3つの注意点

　デフォルトの通常アカウントからビジネスアカウントに切り替えるには、以下の3つの注意点を理解している必要があります。

1. ビジネスプロフィールを設定できるのは、公開アカウントのみ

　非公開アカウントはビジネスプロフィールを設定できません。仮にアカウント開設日が決まっていて準備段階は非公開にしている場合、公開するまでビジネスアカウントへの設定は不可能となります。

2. 連絡先の開示が任意で必要になる

　「電話番号」「メールアドレス」「店舗の所在地」のうち、最低1つを公開設定する必要がありました。今は任意ですが、企業公式アカウントであれば、お客様お問い合わせのメールアドレスや、店舗の所在地（住所）を入力しておくといいでしょう。

Chapter 01

Chapter 02

Chapter 03

Chapter 04

Chapter 05

Chapter 06

Chapter 07

Instagramショップの作り方

3. 自分の投稿のシェアは連携しているFacebookページのみに制限される

　自分の投稿をFacebookページでシェアする場合、ビジネス設定時に紐づけるFacebookページにのみシェアできます。

　またビジネスアカウントに紐づけられるFacebookページは1つだけです。

→ ビジネスアカウントの切り替え方法

　「でも、設定って面倒なんでしょう？」と思う方がいらっしゃるかもしれません。実は、Facebookが公開しているハウツー動画によると、設定はたった1分14秒です。ゆっくり設定したとしても、5分前後で完了できるのではないでしょうか。本書を参照しながら、今この場でビジネスアカウントの切り替えを行ってみてください。

●準備するもの
- Instagramアカウント（非公開アカウントは不可）
- Facebookページ（無い場合はビジネスアカウント切り替え時に作成可能）
- 「電話番号」「メールアドレス」「店舗の所在地」のうち、開示できる情報（任意）

※アカウントのプロフィールトップに表示されます。かならず開示してよい情報をご準備ください。「電話番号」「メールアドレス」を開示すると、Instagramをご覧になった方からお問い合わせが増える可能性があります。「店舗の所在地」は地図上で実際に店舗がある場所からやや異なる場所にピンが置かれることがまれにあります。

●ビジネスアカウントの設定とFacebookページの作成方法

⚙	設定
↺	アーカイブ
⏱	アクティビティ
⬚	QRコード
🔖	保存済み
≔	親しい友達

❶プロフィールに移動して、右上の三本線をタップ
❷［設定］をタップ

+ऀ	友達をフォロー・招待する	>
⏱	アクティビティ	>
🔔	お知らせ	>
🔒	プライバシー設定	>
✓	セキュリティ	>
📢	広告	>
⨂	アカウント	>
⊕	ヘルプ	>

❸［アカウント］をタップ

モバイルデータの使用	>
元の写真	>
認証のリクエスト	>
「いいね！」した投稿	>
最近削除済み	>
ブランドコンテンツツール	>
プロアカウントに切り替える	
新しいプロアカウントを追加	

❹［プロアカウントに切り替える］をタップ

❺カテゴリを選択

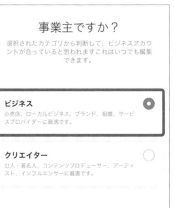

❻［ビジネス］を選択

連絡先情報を確認して ください

他の人があなたに連絡できるように、この情報はプ
ロフィールに表示されます。この情報は、いつでも
編集または削除できます。

ビジネスの公開情報

✉ ビジネスのメールアドレス

📱 JP▼ +81 ビジネスの電話番号

📍 ビジネスの住所 〉

❼ビジネスのメールアドレス、
電話番号、住所などの詳細を
追加

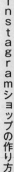

Chapter 01
Chapter 02
Chapter 03
Chapter 04
Chapter 05
Chapter 06
Chapter 07

Instagramショップの作り方

Chapter 01
Chapter 02
Chapter 03
Chapter 04
Chapter 05
Chapter 06
Chapter 07

Facebookページをリンク

Facebookページは、商品カタログとInstagramを
リンクするのに使用されます。ここにページが表示
されていない場合は、そのページの管理者になって
いるかどうかご確認ください。

Unophoto
__unonao__がリンク済み　ⓘ

❽Facebookページをリンクす
る。Facebookページが無い場
合は［新しいFacebookページ
を作成］を選択

Facebookページを作成

ページの内容が分かるようなタイトルとカテゴリを
選択してください。

ページ名

ページのカテゴリ　　　　　　＞

❾Facebookページを作成。ペ
ージ名とページのカテゴリを
選択すれば作成完了
❿プロフィールトップに戻る
と［広告］［インサイト］が表
示される

→ ビジネスとクリエイターの違いとは

　Instagramのプロアカウントは2種類あります。企業向けの「ビジネス
アカウント」とクリエイター向けの「クリエイターアカウント」です。設
定から簡単に切り替えられます。

　ビジネスとクリエイターの違いとして、クリエイターはプロフィールの
カテゴリと連絡先を非表示にできます。またダイレクトメッセージの受信
箱で「メイン」と「一般」の2種類に分類できます。この機能により、仕
事用と私用のメッセージをフォルダ分けできます。

　ご自身が店舗やクリニックなどのアカウントを運営する場合にはビジネ

スを選び、美容師やショップスタッフとして個人の発信が増える場合には
クリエイターを選ぶといいでしょう。クリエイターは芸能人や著名人向け
で選べるカテゴリが異なります。

→ ビジネスとクリエイターのカテゴリの種類

　プロフィールトップに表示されるので、ブランドと相性がいいカテゴリ
（業種）を選びましょう。カテゴリ候補はFacebookが選定しており、ご自
身で好きな言葉を入力できませんのでご注意ください。以下の候補は多種
多様なカテゴリから抜粋しています。相性がいいカテゴリが見つからない
場合はぜひ検索してみてくださいね。ひょっとしたら見つかるかもしれま
せん。

ビジネス向けカテゴリ
商品・サービス、ショッピング・小売り、健康・美容、食料品店、衣料品（ブランド）、芸術・技術、バッグ・旅行かばん、スポーツ・娯楽、レストラン、ゲーム・おもちゃ、アクセサリー、ベビー・子供服用品、ワイン・蒸留酒、ワイン、ビール、酒販売、ジュエリー・時計、政府機関、非営利団体、雑誌、ニュース・メディアのウェブサイト、ビジネスや経済のウェブサイト、イベント、不動産、コミュニティ、レコード会社、コンサルティング会社、ソフトウェア会社、水族館、美術館、動物園、遊園地、アートギャラリー、文化センター、ゲームセンター、学校、銀行、キャンプ場、カフェテリア、温泉・スパ、ショッピングモール、ボウリング場、産科・レディースクリニック、ネイルサロン、寿司屋、焼肉屋、和菓子屋、タピオカティーショップ、居酒屋・バー、コンビニ、ヘアサロン、ホテル、金物店・ホームセンター、ホテルリゾート、薬局・ドラッグストア、ベーカリー、ポップアップショップ

Chapter 01
Chapter 02
Chapter 03
Chapter 04
Chapter 05
Chapter 06
Chapter 07

Instagramショップの作り方

Chapter 01
Chapter 02
Chapter 03
Chapter 04
Chapter 05
Chapter 06
Chapter 07

Instagramショップの作り方

クリエイター向けカテゴリ
著者、アーティスト、俳優、スポーツ選手、プロデューサー、フィットネスモデル、フォトグラファー、ミュージシャン・バンド、コメディアン、デジタルクリエイター、科学者、公人・著名人、家庭教師・教師、ライター、編集者、ブロガー、医師、ダンサー、シェフ、セラピスト、デザイナー、ウェブデザイナー、グラフィックデザイナー、ファッションデザイナー、画監督、音楽家・ミュージシャン、科学者、監督・コーチ、起業家、建築デザイナー、公人・著名人、写真家・フォトグラファー、動画クリエイター

→ 魅力的なプロフィールを設定しよう

　Instagramのショップ開設にあたり、Facebookの審査が必要です。アイコンの設定やURLの設定は必須と明言されているわけではありませんが、ショッピング機能の利用要件としては信頼性を示し、正確な情報を提供することが求められます。そして、これからInstagramのショップで売上を増加させていくには、魅力的なプロフィールに仕上げることが重要であるため、アイコンやURLなどの設定はしておきましょう。

　ここからは、プロフィールの項目別に魅力的に仕上げるコツをご紹介します。

項目	魅力的に仕上げるコツ
プロフィールアイコン	● ブランドロゴや商品がわかるアイコンを設定しましょう ● アップロード時に自動的に円形に切り取られます ● スマートフォンから検索画面で閲覧すると、アイコンは小指の爪ほどに小さくなりますそれでも可読性が担保できるアイコンをご用意ください
フルネーム（名前）	● 検索されやすいようにブランド名は「漢字＋カタカナ」「英語読み＋日本語読み」のように併記することをおすすめします

ユーザーネーム （アカウント名）	• 口頭で伝えて覚えられるアカウント名にしましょう • 長すぎたり、数字の組み合わせが多かったりすると覚えられません • 「@●●●_official」「@●●●_jp」というユーザネームを起用すると公式として運用していることが伝わりやすくなります • 多数のリーチがあるアカウントの場合、変更に審査が必要になることがあります
ウェブサイト	• 公式サイトのリンクを貼りましょう • 後から変更可能なので、シーズンによっては特設LPなどのリンク変更も可能です
プロフィール文 （自己紹介）	• 字数は150文字までです • 冒頭や末尾に「【公式】」「official account」と入れましょう • 改行すると見やすいです • ユーザーがハッシュタグ検索したり、投稿したりしやすいように「#ブランド名」を入れましょう • 伝えたい情報を絞り、どんなアカウントかキャッチコピーを入れましょう • リアル店舗がある場合は、営業時間や住所などのショップINFOを記載しましょう
フィード投稿	• ショッピング機能の審査を受ける前に、最低3投稿は実施しましょう • 最初の3投稿は商品の写真でなくても構いません。ブランドの世界観が伝わるビジュアルで投稿しましょう

Chapter 01
Chapter 02
Chapter 03
Chapter 04
Chapter 05
Chapter 06
Chapter 07

Section 04 InstagramとFacebook ページを紐づける

→ アカウントとFacebookページの連携を確認しよう

　すでに前のセクションでInstagramアカウントとFacebookページを紐づけましたが、しっかり紐づけできているか不安な方のために確認してみましょう。

　まずはスマートフォンからInstagramを開いて［プロフィールを編集］をタップします。［プロフィール情報］の［ページ］を選択して、Facebookページ名が表示されていれば紐づいています。

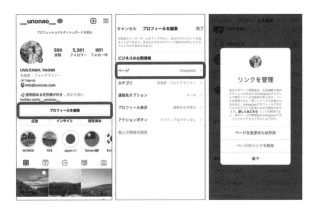

　ページの項目でFacebookページ名が表示されていないということは、Facebookページが紐づいていないということです。リンクしたいページからページを選択するか、［新しいFacebookページを作成］を選択してFacebookページを作ってください。Facebookページの作り方の手順は前のセクションでご説明しています。

　Instagramアカウントで必要な前準備はひとまず完了しました。ここからは、いよいよ商品を登録していきます。

ECサイト作成サービスを活用する

→ ECサイト作成サービスを活用しよう

　自社ドメインで公式ECサイトをお持ちの場合は次のセクションにお進みください。まだ公式ECサイトをお持ちでない方は、以下のFacebook認定Eコマースプラットフォームパートナーを活用してECサイト開設を行いましょう。

地域	Eコマースプラットフォーム
グローバルパートナー／北米	Shopify BigCommerce WooCommerce Magento Wix Ecwid
アジア太平洋	BASE STORES 91 App Cafe24 EasyStore Makeshop Shopline Haravan OpenCart Zibbet
ヨーロッパ・中東・アフリカ	InSales

　おすすめは、Shopify（ショッピファイ）、BASE（ベイス）、STORES（ストアーズ）の3社です。いずれも初期費用は無料です。Shopifyは世界シェアナンバーワンということでカスタマイズ性が高く、多機能です。機能が豊富な分、月額費用が29～299ドル発生します。これからオンラインの売上を注力して上げていきたいという企業におすすめです。

Instagramショップの作り方

　一方で、トライアルで少しずつはじめたいという個人事業主には、BASE やSTORESがおすすめです。無料プランでも簡単にECサイトを作成できます。またBASEにはBASEショップが集まったショッピングモール機能があり、700万人が利用しています。BASEで作られたネットショップの業種はファッション、雑貨、フード、コスメ、アウトドア、ハンドメイドなど多種多様です。Instagramの公式アカウント運用と、BASEのネットショップ運営を掛け合わせることで集客を効率化できます。3社のECサイト作成サービスをご紹介しましたが、決済や入金の手数料が異なります。ご自身のビジネスに合うか比較検討してみてください。

→ Shopifyの登録方法

　公式サイト（https://www.shopify.jp/）にアクセスし、メールアドレスを入力すると14日間無料でトライアルできます。簡単なアンケートに回答し、ストアの住所を設定するだけで初期設定は完了です。

Shopify
https://www.shopify.jp/

あとは画面の指示に従って商品を登録していきます。商品タイトルや説明の入力、商品画像の設定、価格、在庫、配送、バリエーションなどの設定が可能です。商品登録後はShopifyとFacebook、さらにShopifyとInstagramを紐づけたら準備完了です。

●Shopifyの登録方法

❶ストアの住所を設定する

❷商品を追加する

Chapter 01
Chapter 02
Chapter 03
Chapter 04
Chapter 05
Chapter 06
Chapter 07

Instagramショップの作り方

Chapter 01
Chapter 02
Chapter 03
Chapter 04
Chapter 05
Chapter 06
Chapter 07

Instagramショップの作り方

❸商品のタイトルや詳細
な説明を入力

❹価格や在庫を入力

❺配送やバリエーション
を入力

ShopifyとFacebook、Insta
gramの紐づけは公式マニ
ュアルをチェック
【はじめてのShopify】Insta
gram「ショッピング機能」
設定方法
https://www.shopify.jp/blo
g/how-to-connect-instagra
m-channel

→ BASEの登録方法

　公式サイト（https://thebase.in/）にアクセスし、メールアドレス、パ
スワード、ショップURLを入力するだけでネットショップを開設できます。

Chapter 01
Chapter 02
Chapter 03
Chapter 04
Chapter 05
Chapter 06
Chapter 07

Instagramショップの作り方

Chapter 01
Chapter 02
Chapter 03
Chapter 04
Chapter 05
Chapter 06
Chapter 07

誓約書に同意したら、画面の指示通りに進めていきましょう。

BASE
https://thebase.in/

　ショップ公開まで大まかに4ステップあります。1ステップ目はアカウントメールアドレス認証の手続きです。

　2ステップ目は運営に関する情報の設定です。個人か法人か、事業者の氏名や所在地、連絡先を記載します。そして営業時間や定休日、販売価格について、支払方法と時期、役務または商品の引渡時期、返品についての特約に関する事項を記載します。一見難しいように感じますが、記載例があるのでテンプレートに則って記入するだけで簡単です。

　3ステップ目は決済方法の設定です。クレジットカード決済、銀行振込、コンビニ・Pay-easy決済、キャリア決済、Amazon Pay、PayPal決済（商品が購入されてから10日以内に発送しないと、購入は自動的にキャンセルになります）、後払い決済の7種類から選択できます。さらに屋号、事業者の氏名、生年月日、住所の入力と、運営ショップのカテゴリを選択したら完了です。

　4ステップ目はショップの公開設定です。ショップ公開状況のラジオボタンにチェックを入れて保存したら完了です。これでショップを公開できました。

あとは「商品管理」アイコンをクリックして商品を登録していきます。商品名と説明の入力、画像のアップロード、価格、税率、在庫と種類、公開設定を入力したら完了です。商品登録後はBASEとFacebookを連携する必要があります。ショップオーナーが簡単に紐づけられるように「BASE Apps」と呼ばれる拡張機能（アプリのようなもの）が用意されています。ぜひ使ってみてくださいね。

❶1ステップ目：メールアドレス認証

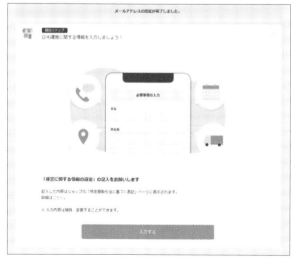

❷2ステップ目：運営に関する情報の設定（概要）

Chapter 01
Chapter 02
Chapter 03
Chapter 04
Chapter 05
Chapter 06
Chapter 07

Instagramショップの作り方

❸2ステップ目：運営に
関する情報の設定（詳細）

❹3ステップ目：決済方
法の設定（概要）

❺3ステップ目：決済方法の設定（詳細）

❻4ステップ目：ショップ公開（概要）

Chapter 01

Chapter 02

Chapter 03

Chapter 04

Chapter 05

Chapter 06

Chapter 07

Instagramショップの作り方

Chapter 01
Chapter 02
Chapter 03
Chapter 04
Chapter 05
Chapter 06
Chapter 07

Instagramショップの作り方

❼4ステップ目：ショップ公開（詳細）

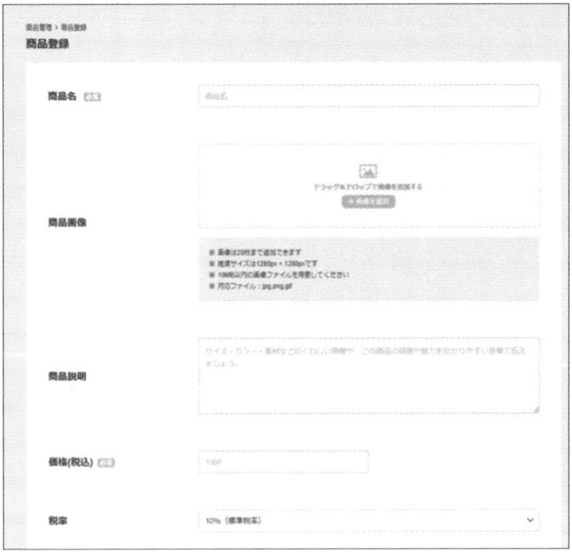

❽「商品管理」から商品を登録する

BASEのショップオーナー
は「Instagram販売App」で
簡単に連携できる
Instagram販売／BASE Apps
https://apps.thebase.in/
detail/74

Chapter 01
Chapter 02
Chapter 03
Chapter 04
Chapter 05
Chapter 06
Chapter 07

Instagram販売AppでFace
bookページと商品情報を
連携しよう

Instagramショップの作り方

→ STORESの登録方法

　公式サイト（https://stores.jp/ec）にアクセスし、メールアドレスとパスワードを入力するだけでアカウントを作成できます。メールアドレス認証したら、ストア名を入力します。ストア名はあとからでも変更可能です。画面の指示に従いながら、アイテム登録、ストアのデザイン、送料の設定、

URLの確認、特商法の入力と公開設定を行います。また、このあとは STORESとFacebook及びInstagramの連携が必要ですが、簡単に商品と 連携できるアドオン機能が提供されています。STORESを利用する場合に はぜひ活用してみてくださいね。

STORES公式
https://stores.jp/ec

❶まずはショップ名とID を入力

Chapter 01

Chapter 02

Chapter 03

Chapter 04

Chapter 05

Chapter 06

Chapter 07

❷事業者情報を入力

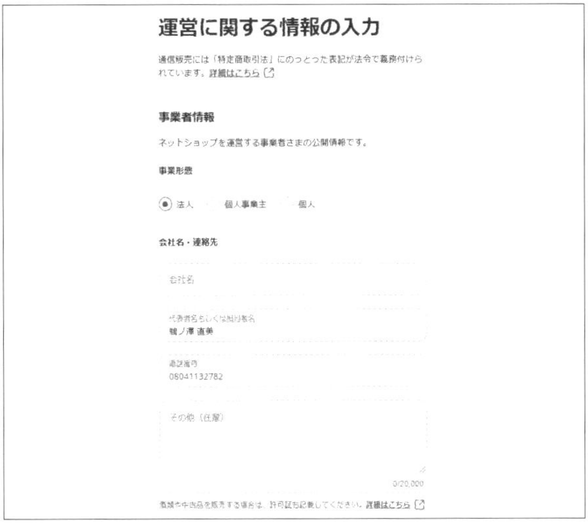

❸運営に関する情報の入
力

Instagramショップの作り方

Chapter 01
Chapter 02
Chapter 03
Chapter 04
Chapter 05
Chapter 06
Chapter 07

Instagramショップの作り方

❹これで準備完了

❺1ステップ目：アイテムを登録する

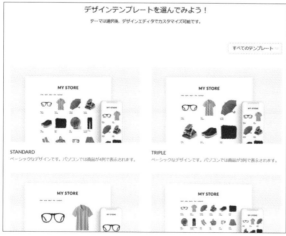

❻2ステップ目：豊富なデザインテンプレートから選び、ストアをデザインする

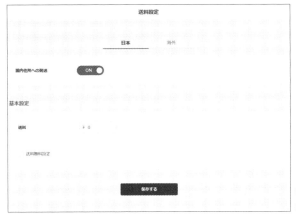

❼3ステップ目：送料を
設定する

❽4ステップ目：ストア
の情報を入力する

STORES Instagram販売連
携
https://stores.jp/instagram

Chapter 01
Chapter 02
Chapter 03
Chapter 04
Chapter 05
Chapter 06
Chapter 07

Instagramショップの作り方

Chapter

01

Chapter

02

Chapter

03

Chapter

04

Chapter

05

Chapter

06

Chapter

07

Instagramショップの作り方

Section 06 Facebookの商品カタログ に商品を登録する

→ 商品を登録する方法は2パターン

　Instagramでショップを開設するには、Facebookの「商品カタログ」に商品を登録していく必要があります。なぜここでFacebookに？と疑問に思われるかもしれません。混乱を招かぬようにご説明します。今のところInstagramのショッピング機能を利用するには、Facebookの「商品カタログ」に商品を登録していき、ショッピング機能を使えるようにするための申請を行う方法しかありません。商品を登録する方法は大きく分けて2パターンあり、以下の2つからご自身の状況と合う条件を選択してください。

●自社ドメインで公式ECサイトをお持ちの場合

　独自ドメインで公式ECサイトをお持ちの場合は、Facebookビジネスマネージャでカタログマネージャを利用し、DIY方式でカタログを作成する必要があります。詳しい設定方法は後述します。

●Eコマースプラットフォームパートナーを活用する場合

　ShopifyやBASE、STORESなど、それぞれが商品カタログの登録方法を紹介しています。プラットフォームによって商品の登録方法が異なります。それぞれのEコマースプラットフォームの公式サイトにわかりやすく解説方法が掲載されています。ご自身が使っているプラットフォームの解説をご参照ください。STORESには商品とInstagramを簡単に連携できるアドオン機能があり、BASEにはオリジナルアプリ「Instagram販売 App」を使ってこちらも簡単にInstagramと商品を連携できます。

● Shopify解説ページ

https://www.shopify.jp/blog/how-to-connect-instagram-channel

● BASE解説ページ

https://baseu.jp/9222

● STORES解説ページ

https://stores.jp/instagram

Chapter 01
Chapter 02
Chapter 03
Chapter 04
Chapter 05
Chapter 06
Chapter 07

Instagramショップの作り方

Chapter 01

Chapter 02

Chapter 03

Chapter 04

Chapter 05

Chapter 06

Chapter 07

→ カタログとカタログマネージャとは

　自社ドメインで公式ECサイトをお持ちの場合は、ご自身で「カタログマネージャ」に商品を登録する必要があります。ECサイト作成サービスを活用する方は「Chapter02 Section07 ショッピング機能活用の審査を受ける」に進んでください。

　ここからは「カタログ」や「マネージャ」という同じようなキーワードが何度も出てくるので、語句の意味を整理します。

　「カタログ」とは、Instagramで販売する商品情報を保持しているコンテナを指します。「カタログマネージャ」で「カタログ」を管理できます。「カタログ」を使用すると、商品名、商品画像、説明、価格、バリエーションなどインベントリー情報の追加、管理ができます。1点ずつ、または一括でアイテムをアップロード可能です。

　「ビジネスマネージャ」は、ビジネスを整理し管理するためのFacebookツールです。「カタログ」をビジネスに割り当てるため、まず「ビジネスマネージャ」の設定が必要です。

　ショップのカスタマイズには「コマースマネージャ」を使います。「コマースマネージャ」では、以下の作業を実行できます。またどの商品がどれくらい見られているか数値の可視化もできます。

- インベントリーの管理: 商品をカタログに追加したり、カタログから削除したりできます。
- コレクションの作成：注目の商品として表示する商品をハイライトできます。
- ショップのカスタマイズ：テキスト、ボタン、リンクのサイズを変更したり、コレクションで使用する色とデザインを選択したりできます。
- ショップの宣伝：広告を作成してショップを宣伝できます。
- チェックアウト（決済）機能があるInstagramショッピングの利用を承認されている米国のビジネスは、コマースマネージャを使用して、オンサイト取引、注文処理、返品を管理することもできます。
- 売上、注文、トップパフォーマンス商品、閲覧数、クリック数などのイ

ンサイト抽出

出典：https://www.facebook.com/business/help/933245700437483

●ビジネスマネージャを作成する方法

❶ business.facebook.com/overviewに移動します。

❷ ［アカウントを作成］をクリックします。

右上のボタンから「アカウントを作成」をクリック

❸ ビジネス名、名前、仕事用のメールアドレスを入力して［次へ］をクリックします。

❹ ビジネスの詳細（ビジネス名、名前、仕事用のメールアドレス）を入力し、［送信］をクリックします。

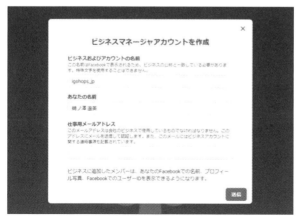

ビジネス名、名前、仕事用のメールアドレスを入力して送信をクリック

Chapter 01
Chapter 02
Chapter 03
Chapter 04
Chapter 05
Chapter 06
Chapter 07

Instagramショップの作り方

「広告の利用が制限され
ています」と表示されて
しまった場合には、二段
階認証が必要な可能性が
ある

● 二段階認証を設定する方法

❶アカウントのクオリテ
ィページ（https://busine
ss.facebook.com/accountq
uality/）の右にある青いボ
タン「アカウントの安全
を確保」をクリックして
二段階認証する

❷二段階認証は3種類の
方法から選べる

❸二段階認証が完了する
と「二段階認証はオンに
なっています」と表示さ
れる

❹二段階認証後、ビジネ
スマネージャ作成画面に
戻り、再度入力すると作
成完了できる

❺作成したビジネスマネ
ージャの管理画面に入る
ことができる

Chapter 01
Chapter 02
Chapter 03
Chapter 04
Chapter 05
Chapter 06
Chapter 07

Instagramショップの作り方

Chapter
01

Chapter
02

Chapter
03

Chapter
04

Chapter
05

Chapter
06

Chapter
07

Instagramショップの作り方

これらを要約すると、Instagramでショップを設定するには、以下のことが必要です。

- ビジネスマネージャの管理者であること
- Instagramビジネスアカウント、Facebookページ、カタログを同じビジネスマネージャで所有していること
- InstagramビジネスアカウントとリンクしているFacebookページに対して、ビジネスマネージャで［ページの管理］のアクセス許可を持っていること
- ビジネスマネージャで、カタログに対して［カタログの管理］のアクセス許可を持っていること

出典：https://www.facebook.com/business/help/268860861184453

→ カタログマネージャにアイテムを追加しよう

自分でアイテムを追加する方法は3つあります。

- 手動でアイテムを追加：フォームを使って1点ずつアイテムを追加します。
- 一括アップロード：CSV、TSV、XML形式のデータフィード（スプレッドシートファイル）を使って、複数のアイテムをアップロードします。ファイルを1回アップロードするか、日時を指定してアップロードできます。
- Facebookピクセル：ウェブサイトから自動的にアイテムをインポートして更新します。

インベントリータイプやインベントリーサイズ、カタログを使用するチャネルなどいくつかの条件によって最適な方法は変わります。それぞれの方法を次の表で比較しています。

	手動による追加	一括アップロード	Facebookピクセル
チャネル	広告、Instagramショッピング、ページショップ、Marketplace	広告、Instagramショッピング、ページショップ、Marketplace	広告のみ
インベントリサイズ	少量でそれほど変更がない	中程度から大量、または頻繁に変更する	中程度から大量、または頻繁に変更する
インベントリータイプ	商品、フライト、ホテル、目的地、自動車	商品、フライト、ホテル、目的地、自動車、不動産・住宅	商品(Eコマース)のみ
必要なもの	商品の詳細と画像	正しい仕様で作成されたインベントリーファイル ファイルをホスティングしているサイト(任意)	インストールされたピクセル 商品ページに追加されたマイクロデータタグ ウェブサイトでの最近のアクティビティ
設定の難易度	低	中	高
管理の難易度	高：手動でアイテムを更新する	中：必要に応じてスプレッドシートを更新する	低：ピクセルによって商品が自動で更新される
このような場合におすすめ	インベントリーが少なく、変更頻度が低い	インベントリーが多い、または頻繁に変更する 毎時、毎日または毎週での日時指定アップロードを設定したい	インベントリーが多い、または頻繁に変更する カタログを広告のみに利用したい すでにピクセルをインストールしている

出典：公式サイト　https://www.facebook.com/business/help/1710077379203657

Chapter 01

Chapter 02

Chapter 03

Chapter 04

Chapter 05

Chapter 06

Chapter 07

Instagramショップの作り方

●カタログマネージャでカタログを作成する方法

❶ facebook.com/productsでカタログマネージャにアクセスします。

注：広告マネージャの上部のメニューを開き、［アセット］>［カタログ］
　　からカタログマネージャにアクセスすることもできます。または、ビジ
　　ネスマネージャから［ビジネス設定］の［データソース］>［カタログ］
　　にアクセスすることもできます。

❷ 右上の［カタログを作成］を選択します。

❸ インベントリーの種類を選択して、［次へ］に進みます。

まずはカタログマネージ
ャを開き、「カタログを追
加」をクリックする

❹ ［Eコマース］（商品）を選択した場合、どのようにアイテムをカタログ
　 に追加するのかを次のいずれかから選択します。

  • 自分でアイテムを追加する場合、［商品情報をアップロードする］を
　　選択する。

  • Eコマースプラットフォームに商品をホスティングしている場合、［E
　　コマースプラットフォームとリンクする］を選択する。プラットフ
　　ォームをFacebookと統合していて商品がインポートされるようにな
　　っていれば、場合によってはここでカタログを作成する必要はあり
　　ません。

販売するアイテムに最も
よく当てはまるカタログ
タイプを選択する。ここ
では「Eコマース」を選択

❺ カタログを持つビジネスマネージャアカウントまたは個人アカウントを
選択します。Instagramショッピングなど、より多くのチャネルにカタロ
グを利用できるようになるため、ビジネスアカウントを選択することを
おすすめします。またビジネスアカウントであれば、カタログに関する
作業をする権限を他の人に割り当てることもできます。他の利用者の役
割を選択するには、ビジネスの管理者である必要があります。

❻ カタログの名前を入力します。

❼ [作成] を選択します。

アップロード方法は2種
類から選べる。ここでは
「商品情報をアップロー
ドする」を選択して「作
成」ボタンをクリックす
る

以上でカタログの作成が
完了する

出典：公式サイト　https://www.facebook.com/business/help/384041892421495

→ Facebookカタログと Instagram連携

　手順に従ってコマースマネージャでショップを設定します。Instagram
でショップを表示するには、設定の際にInstagramビジネスアカウントを
選択してください。また既存のカタログを選択するか新規のカタログを作
成する必要があります。コマースアカウントで使用するために選択できる
カタログは1つのみです。後から切り替えることはできません。

出典：公式サイト　https://www.facebook.com/business/help/1122222851277569

Chapter 01
Chapter 02
Chapter 03
Chapter 04
Chapter 05
Chapter 06
Chapter 07

Instagramショップの作り方

ショッピング機能活用の審査を受ける

→ ショッピング機能の申請と必要な日数

商品を登録し、ここまできたらあとは申請して待つのみです。FacebookカタログとInstagramを連携後、ショッピング機能活用の申請を行います。スマートフォンでInstagramのアプリを立ち上げ、［設定］＞［ビジネス］＞［Instagramショッピング］の順にタップします。申請したいカタログをタップして、［審査を申請］すれば完了です。

あとは審査が承認されることを待ちましょう。通常であれば数日以内に完了しますが、さらに時間がかかることもあります。審査状況は［設定］＞［ショッピング］で確認できます。ここでショッピング機能のややこしい設定から解放されます。ようやくひと段落ですね。お疲れ様でした。

● ショッピング機能活用の申請画面

画面の指示に従って申請します

73

Chapter 01
Chapter 02
Chapter 03
Chapter 04
Chapter 05
Chapter 06
Chapter 07

Instagramショップの作り方

ショッピング機能をオンにする

Section 08

→ 商品タグをつける前にかならずやること

さて、商品タグをつけて早速投稿したい気持ちは山々ですが、その前にもう一つだけ行う設定を行う必要があります。それはFacebookからショッピング機能の申請が承認されたら、ショッピング機能をオンにすることです。

まずFacebookから承認されますと、通知欄からお知らせが届きます。タイムライン上部に「Instagramで製品をタグ付け」「製品タグにより、Instagram投稿にある製品を購入しやすくなります」と表示されることもあります。

承認のお知らせが届いたら、Instagramアプリのプロフィール右上に表示されている三本線をタップしましょう。[設定] > [ビジネス] > [Instagramショッピングを設定する] をタップします。規約を確認して同意をタップしましょう。そして [設定] > [ビジネス] > [ショッピング] から商品をタップして商品カタログを選択できます。これでショッピング機能の設定は完了し、Instagram上で商品をタグづけできるようになりました。

万が一、[ショッピング] が表示されない場合は、Facebookが申請した内容の審査を引き続き行っているか、Instagramショッピングの利用が承認されていない可能性があります。審査は基本的に数日で完了しますが、詳しい審査が必要になった場合は1週間以上かかる場合もあります。承認されない場合は申請内容の見直しや、再申請してみてください。

ここからは、実際に投稿に商品のタグをつけてみましょう。新しい投稿、そして過去の投稿のどちらにも商品タグをつけられます。

商品タグ／商品スタンプ をつけて投稿実施する

→ 商品タグをつけて投稿してみよう

　これでフィードに商品タグ、ストーリーズに商品スタンプをつけて投稿することができるようになりました。

　フィード投稿は通常の手順で画像をアップロード後、キャプション入力の下に［商品をタグ付け］が出現します。ここで商品を検索して商品タグを付与することが可能です。最大5点までタグ付けできます。

　ストーリーズ投稿はスタンプアイコンをタップすると、スタンプトレイの中に商品スタンプが出現します。紹介したい商品を選択して、好きな場所に配置して投稿してみましょう。

　審査に通っていたとしても、タグ付けしたい商品がまれに表示されないことがあります。何らかの原因で要件を満たさず、審査落ちした可能性があります。今一度、設定を見直して再度申請してみましょう。

● フィード投稿商品タグ

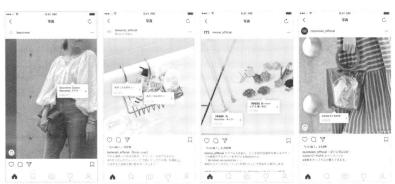

出典：https://about.fb.com/ja/news/2018/06/instagram_shopping/

Chapter 01
Chapter 02
Chapter 03
Chapter 04
Chapter 05
Chapter 06
Chapter 07

Instagramショップの作り方

Chapter 01
Chapter 02
Chapter 03
Chapter 04
Chapter 05
Chapter 06
Chapter 07

Instagramショップの作り方

● ストーリーズ投稿商品スタンプ

出典元　https://about.fb.com/ja/news/2018/09/shopping_in_stories/

→ コレクションを作成しよう

　コマースマネージャからコレクションを作成してみましょう。コレクションはテーマごとに商品をまとめて利用者の興味を喚起したり、利用者が欲しい商品に素早くたどり着けるためのサポートをするショップ機能です。プロフィールや発見タブからの流入経路でショップにたどり着いたときに見えるのは図の左側の画面です。作成しているコレクションのカバー画像とタイトルが表示され、その下には製品画像が表示されます。コレクションのカバー画像をタップすると、右側の画面に遷移します。説明文が加わり、製品は3〜60個追加可能です。

● コレクションの例

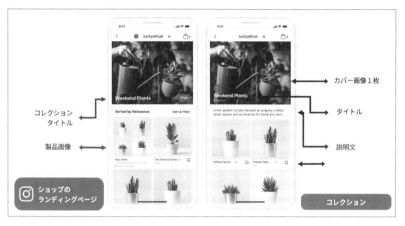

コレクション
タイトル

製品画像

カバー画像1枚

タイトル

説明文

ショップの
ランディングページ

コレクション

●コレクション作成のヒント

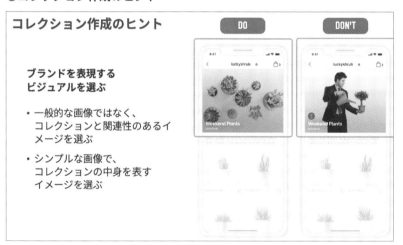

コレクション作成のヒント

DO

DON'T

**ブランドを表現する
ビジュアルを選ぶ**

- 一般的な画像ではなく、
  コレクションと関連性のあるイ
  メージを選ぶ

- シンプルな画像で、
  コレクションの中身を表す
  イメージを選ぶ

Chapter 01
Chapter 02
Chapter 03
Chapter 04
Chapter 05
Chapter 06
Chapter 07

Instagramショップの作り方

Chapter 01
Chapter 02
Chapter 03
Chapter 04
Chapter 05
Chapter 06
Chapter 07

コレクション作成のヒント

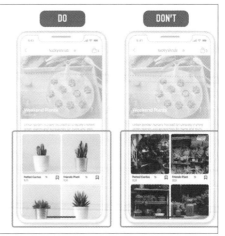

商品に焦点を当てる

- 各商品にフォーカスして
  分かりやすい画像を選ぶ。判別が
  つかないような画像は避ける

- 商品の詳細が分かるよう、
  シンプルに全体が写っているもの、
  ディテールにフォーカスした画像、
  アングルを変えた画像など、
  複数のイメージを検証してみる

出典：https://netshop.impress.co.jp/node/8118

　コレクション作成のTIPSとして、カバー画像はコレクション配下にどのような製品があるかを連想しやすい写真を選びましょう。何のブランドか、どんな製品かわからない抽象的なビジュアルでは離脱してしまう可能性が高いです。また、製品の画像はその製品単体にフォーカスしていて一目でわかる写真がおすすめです。フィード投稿の場合は世界観を伝えるために抽象的な写真を使うのもいいですが、製品画像はどのような製品かはっきりわかる写真を選びましょう。

　これでショッピング機能（ショップ）の設定が完了しましたね。いよいよ次の章からは、Instagramショップの運営についてお伝えしていきます。

Chapter **03**

Instagramショップ
の基本

Chapter 01
Chapter 02
Chapter 03
Chapter 04
Chapter 05
Chapter 06
Chapter 07

Instagramショップの基本

Section 01 Instagramショップの PDCA運用

→ PDCA運用が必要な理由とは

まずInstagramをはじめとするSNS運用は、思いつきや突発的な行動ではなかなか効果が出ません。計画、施策の立案・実施、分析、改善とPDCA運用を行うことで継続的な業務改善や効率化を図り、ファンに愛されるInstagramショップを育てていきましょう。日々の試行錯誤を積み重ねていくことが大切です。

いきなり具体的な施策の立案から入るのではなく、必ず運用方針などの計画から落とし込むことが大切です。そうでなければ、上司から「この商品をInstagramでバズらせてよ」なんて無茶ぶりがくるとします。運用方針の軸がないために、そのまま依頼を受け取って結果バズらなかったなんてことがあるかもしれません。しかし、運用方針があれば「こういう軸に基づいて、運用しています。そのためこういう施策をできます」という提案だったり、逆に「運用方針とはそぐわないため難しいです」と断れます。まずは計画から立てていきましょう。

→ Plan 販売計画と運用計画を立てる

Instagramをオンラインショップとして最適化し、売上を伸ばすためには計画性をもって取り組むことが重要です。まずはじめに年間の販売計画を立てていきましょう。いつ誰に何の商品をどれくらい売るか、集客目標と売上目標を決めます。ネットで「販売計画　テンプレート」と検索すると、無料のテンプレートが見つかります。ご自身のビジネスに合うテンプレートを活用してみてください。

次に、Instagramの運用計画を練っていきます。認知拡大・理解促進・購入促進とフェーズに分けて、年間スケジュールに落とし込んでいきます。

●年間スケジュール例

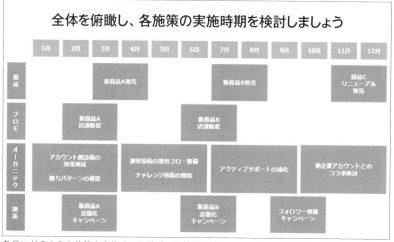

全体を俯瞰し、各施策の実施時期を検討しましょう

	1月	2月	3月	4月	5月	6月	7月	8月	9月	10月	11月	12月
商品			新商品A発売				新商品B発売				商品C リニューアル 発売	
プロモ		新商品A 店頭販促				新商品B 店頭販促						
オーガニック	アカウント開設後の 効果検証 勝ちパターンの構築			通常投稿の運用フロー整備 チャレンジ投稿の開始			アクティブサポートの強化			他企業アカウントとの コラボ検討		
施策		新商品A 話題化 キャンペーン				新商品B 話題化 キャンペーン			フォロワー増加 キャンペーン			

各月にどのような施策を実施するか俯瞰して検討する

●運用計画例

各項目	記載例
運用目的	ニュートラル層との接点強化 主要顧客の高齢化に伴い、 20〜30代のビジネスパーソンのファン化を狙う
ターゲット	20〜30代のIT系ビジネスパーソン 新卒から中堅クラスまでがコアターゲット
アカウントコンセプト	IT系ビジネスパーソンのための塾の 先生的な立ち位置で仕事に活かせる情報をお届け
コンテンツテーマ	プロダクト紹介／ITニュース発信／コミュニケーション
投稿頻度	フィード：3投稿以上／週 ストーリーズ：7投稿以上／週 リール：1投稿以上／週 ライブ：1回以上／週
伝え方	中の人感はあまり出さずに、中立的な立場で発言

　もし、わずかでも時間に余裕があれば商品開発についてInstagramを通じて顧客の意見を聞く時間もあるとよいでしょう。ストーリーズの質問スタンプを使ったり、ライブ配信で試作品を見せたりして、ファンの声に耳

Chapter 01
Chapter 02
Chapter **03**
Chapter 04
Chapter 05
Chapter 06
Chapter 07

Instagramショップの基本

を傾けてみましょう。

　SNS運用において避けたいのは、短期集中型で運用意欲が燃え尽きてしまうことです。「毎日発信しているのにもかかわらず、フォロワーが増えない」「投稿しても反応が少ないので飽きてしまった」など、初期段階で運用モチベーションが低下してしまうケースは中長期の計画がない場合に起こりやすいです。運用初期段階で熱心に投稿していても、成果がないうちに飽きてしまったら意味がありません。そのためにも運用計画と目標設定が必要です。いつまでにどんな状態を目指すかを明らかにし、目標達成に向けてコツコツ運用していきましょう。

　またInstagramの運用計画は中長期的な計画とはいえ3か月ごとにアップデートしてもいいと思います。理由として、SNSは予測不可能な事象に影響されやすいからです。突然のInstagramの機能アップデート、自然災害、新型コロナウイルス流行など、予測が困難なことが次々に起きます。時と場合によって発信を自粛しなければいけないこともあれば、逆にSNSを活用して発信を増やさなければいけないこともあるでしょう。先行きが見えず不透明な現代においては、臨機応変に発信していく力が求められます。

→ Do クリエイティブを制作して投稿する

　おおよそのPlanが決まったら、次にクリエイティブを制作します。撮影、投稿画像の制作、投稿文とハッシュタグを考案、カタログに商品登録も必要です。

　クリエイティブ制作にあたり注意したいのは、制作するコンテンツがブランドや商品の一方的なメッセージの発信に陥らないようにすることです。一方的な発信であればInstagramではなく、メールマガジンで発信することと変わりありません。Instagramショップとお客様の双方向のコミュニケーションを活性化するには、相手に興味を持ってもらい、共感を生む必要があります。共感を得るためには、伝えたい相手が興味を持つ内容に変換する必要があります。Instagramの利用者のトレンドを把握したり、ファンの声に耳を傾けて、自分たちが伝えたいメッセージとファンの求めることを掛け合わせて発信しましょう。

　写真の撮り方や画像加工などの詳細については「Chapter03 Section02

売れるビジュアルの作り方」で解説します。

→ Check インサイトを分析する

　投稿実施後は反響をモニタリングしていきます。Instagramには解析をするためのインサイトという機能があり、取得できる項目は以下の通りです。プロフィールにどれだけアクセスされたか、各投稿が表示された回数や反応数はどうだったか、どれくらいリンクのクリックがあったか、フォロワー数の増減、フォロワーの年齢や性別、地域の割合、アクティブな時間帯などがわかります。過去7日間、または過去30日間のオーディエンスを確認できます。

●インサイト一覧

通常投稿／プロフィール	ストーリーズ
• インプレッション数 すべての投稿が表示された合計回数	• インプレッション ストーリーズでこの写真または動画が閲覧された回数
• リーチ 投稿を見たユニークアカウント数	• リーチ ストーリーズでこの写真または動画を見たユニークアカウント数
• プロフィールビュー プロフィールの閲覧数	• 次へのタップ 次の写真または動画を見るためのタップ回数
• ウェブサイトクリック プロフィールのウェブサイトのタップ数	• 前へのタップ 前の写真または動画を見るためのタップ回数
• メールアドレスのクリック メール送信のタップ数	• 返信 利用者がストーリーズから移動した回数
• 道順を表示のクリック 道順の表示のタップ数	• ストーリーからの移動 ストーリーズでこの写真または動画にあった返信の数
• フォロワー 標準的な日のフォロワーのInstagram平均滞在時間	• 移動するためのスワイプ この写真または動画から次のアカウントのストーリーズに移動するためのスワイプ回数
• エンゲージメント 投稿が「いいね！」、保存、コメントされた回数	
• 保存済み 投稿を保存したユニークアカウント数	

Chapter 01
Chapter 02
Chapter 03
Chapter 04
Chapter 05
Chapter 06
Chapter 07

Instagramショップの基本

Chapter
01

Chapter
02

Chapter
03

Chapter
04

Chapter
05

Chapter
06

Chapter
07

　有料の分析ツールもさまざまな種類があります。ハッシュタグ分析に特化していたり、画像のAI解析に特化していたり、分析だけでなく投稿管理機能も兼ね備えているツールもあります。

　数百フォロワー程度であれば無料のInstagramインサイトツールで事足りるかと思いますが、数千〜数十万フォロワーの規模や複数のアカウント管理が必要なときは有料ツールの導入を検討してみてはいかがでしょうか。

→ Action 分析結果をもとに改善する

　フォロワーが増加した要因、減少した要因を深堀りしてみましょう。何がきっかけで増えたり減ったりしていますか？　そして各投稿についても、反応数の増減の要因を探りましょう。

　詳しくは「Chapter07 Instagram運用の分析と改善」にて解説します。

売れるビジュアルの作り方

→ 一眼レフ？ スマホ？ 撮影に必要な機材とは

　Instagramの写真撮影術セミナーを開催した際に、受講者からよく尋ねられる質問があります。それは「商品を撮って投稿するときって、やっぱり一眼レフを使わないといけませんか？」という問いです。答えは、普段から慣れているカメラであれば何でも構いません。最近のスマートフォンは画質がいいですし、初心者が高額な一眼レフを無理して購入する必要はありません。実は何十万もフォロワーがいるグルメ系インスタグラマーも、最初はスマートフォンで撮影していたという人が多いのです。ファンが増えていくと同時にカメラに興味を持ちはじめて、表現力を高めようと一眼レフに手を伸ばしたというインスタグラマーを何人も耳にしてきました。

　形から入ることでモチベーションが高まるというタイプの方は、最初から機材を揃えるのもいいでしょう。中規模以上のECショップの運営で、撮影を担当する人が複数人いる場合は誰が撮影してもクオリティがぶれないように、同じカメラのボディとレンズを使用することも一つの手です。思い切ってプロ向けのカメラ機材の導入を検討してみてはいかがでしょうか。

→ 大切なのは撮影小道具の準備

　さて、Instagramで遊び心あるクリエイティブを制作し、人々を魅了するにはどうしたらいいでしょうか。ただシンプルに商品を撮るだけでは、なかなか反応されづらいかもしれません。Instagramにおいては、商品を使ったときのイメージがわき、そのブランドのアイテムを取り入れることによって、どのようなライフスタイルになるのか、想像を掻き立てることが重要です。

　そこで、必要なものは撮影するときに周りに置く小道具です。海外ではフォトプロップスと呼ばれることもあり、広告写真の世界においてはプロ

Chapter 01
Chapter 02
Chapter 03
Chapter 04
Chapter 05
Chapter 06
Chapter 07

Instagramショップの基本

ップスタイリストという美術や小道具専門の職種があるほどです。Instagram投稿用の写真を撮影するときに用意したい基本のアイテムは以下の通りです。

アイテム名	ポイント
レフ板	被写体に光を反射させる役割を持ちます。A3の白い紙や、ハンカチでも代用可能です
壁紙シート	背景を統一するだけでも、世界観の統一に役立ちます。木目調・コンクリート風・大理石風、タイルなど種類も豊富。楽天に出店している「壁紙屋本舗」での購入がおすすめ。100円ショップやニトリなどでも取り扱っています
お花、観葉植物	彩りを加えるおすすめアイテム。造花より、生花またはドライフラワーが華やかに見えます
B4用サイズ以上の紙	背景紙として活用できます。100円ショップでも購入可能ですが、色味にこだわりたい方は銀座の「竹尾見本帖 at Itoya」に訪れてみてください。ペーパーコンシェルジュに約90銘柄1,000商品以上の中からおすすめしてもらえます
三脚	テーブルフォトを撮影する際、液晶ディスプレイを見ながら配置を入れ替えてスタイリング調整できます。スマートフォン撮影の方は、この機会にぜひスマートフォン用三脚の購入を。スマートフォンを縦の状態で固定できるため、Instagram LIVE配信でも役立ちます

　壁紙シートは被写体にもよりますが、木板に貼って何種類かストックしておくと便利です。私はコスメや雑貨を撮影するために1m×1mの木板にのり付き壁紙シートを貼りました。白やブラウンの木目の壁紙シートはテーブル代わりとして使えますし、コンクリート風の壁紙シートを壁に見立てて配置することも。Instagramのユーザートレンドは移り変わりが早く、その時々によって撮影小物や、壁紙シートを買い足しています。

　また、ライフスタイルを伝える写真ではなく、単色背景で被写体に万遍なく光が当たっている写真を取りたい場合は「撮影ボックス」を購入するのも手です。数千円〜1万円程度で購入できます。箱のサイズや背景布などのオプションによって価格が変動します。サイズは、縦×横×奥行が23

×23×24cmや72×74×88cmまでさまざまです。メガネ、靴、小さめの鞄などのファッションアイテムの撮影に役立ちます。

商品によって必要な撮影小物はさまざまです。あくまで上記は一例としてご認識ください。たとえばアクセサリーを販売する場合は、ツヤ感のある白いアクリル板で撮ったほうがいいかもしれませんし、ナチュラルな印象を与えたい場合はリネンの布をくしゃっと置くほうがいい可能性もあります。ブランドとして表現したい世界観にマッチするアイテムをぜひ探してみてくださいね。

→ 写真撮影のキホン

さて、ここからは写真撮影のキホンです。Instagramの写真撮影において重要なことはたった2つしかありません。それは「自然光」と「構図」にこだわることです。Instagramに限らず写真撮影のキホンなので、このキーワードでピンときた方は読み飛ばして頂いて大丈夫です。

インスタグラマーにインタビューすると多くの人が「早起きして写真を撮っています」と答えます。その理由は、朝の柔らかい自然光で撮影する写真が美しいからです。晴れた朝、室内のライトを消して窓辺で撮ることをおすすめします。レースのカーテンがあれば、開けたり締めたりして光を調整してみてください。その際、光の向きを意識してみましょう。図のように逆光、半逆光、測光で撮ると光のグラデーションが綺麗です。

初心者が陥りがちな失敗例として、順光の撮影が挙げられます。「自分が影になってしまう」というのは、自分の後ろから光が被写体に当たっていることが原因です。逆光での撮影にチャレンジしてみてくださいね。

室内で撮影する場合に「照明が写り込んでしまって魅力的に見えない」というお悩みもよくいただきます。対処法としては、場所や角度を変えてみるか、白か黒のレフ板を写り込ませる、もしくはズームしてみると改善する可能性があります。写真撮影のスキル向上はとにかくたくさん撮ること。あとで写真を加工することになるので、できれば引きめで余白たっぷりに撮っておくといいでしょう。さまざまな角度でたくさん撮って、渾身の1枚を生み出しましょう。

Chapter 01
Chapter 02
Chapter 03
Chapter 04
Chapter 05
Chapter 06
Chapter 07

Instagramショップの基本

Chapter 01
Chapter 02
Chapter 03
Chapter 04
Chapter 05
Chapter 06
Chapter 07

Instagramショップの基本

● 光の種類

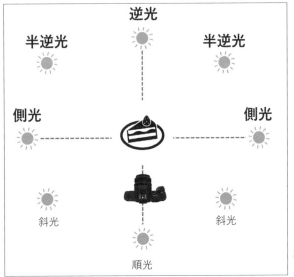

朝、窓際での自然光撮影を推奨

● 撮影例

さまざまな角度で撮影し、ベストな写真を見つける

　数ある構図の中でも、初心者にまずおすすめしたい構図は3種類です。そ
れは日の丸構図、三分割法構図、対角線構図です。日の丸構図は被写体を
中央に配置する手法で、無意識にこの構図で撮っていた方も多いのではな
いでしょうか。以前、写真撮影セミナーで「ラーメンのどんぶり構図って

覚えるね」なんてことを仰っていた参加者がいました。

　次の三分割法構図は、画面を縦横それぞれ1/3ずつ区切って分割し、その分割線の交点に被写体を配置します。バランスを意識した撮影のトレーニングにも最適です。スマートフォンのカメラ設定からグリッド表示ができるので活用してみてくださいね。

　3つ目の対角線構図は被写体を対角線上に置いたり、対角線上に斜めに撮影したりする手法です。動きや奥行きを表現できます。

● 基本の構図

日の丸構図

見せたいものを真ん中に持ってくる手法。
もっとも使いやすく、初心者におすすめ。

三分割法構図

脱初心者するためには、バランスを意識した撮影を。
画面を縦横それぞれ1/3ずつ区切って分割し、
その分割線の交点に見せたいものを持ってきます。

対角線構図

見せたいものを対角線上に置いたり、
対角線上に斜めに撮影したりする手法。
動きや奥行きを表現できます。

まずは日の丸構図からチャレンジ

Chapter 01
Chapter 02
Chapter **03**
Chapter 04
Chapter 05
Chapter 06
Chapter 07

Instagramショップの基本

● 撮影例

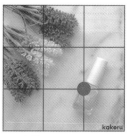

| もっとも使いやすい
初心者におすすめ | 全体のバランスが
安定した写真になる | 動きや奥行きを表現
した写真になる |

撮影に慣れたら三分割法構図や対角線構図もおすすめ

→ 必ず入れておきたいアプリとは

　写真の補正や、文字入れ、動画の編集……など、Instagramをビジネス活用するにあたり、役立つアプリをご紹介します。

アプリ名称	ポイント
Repost for Instagram	TwitterのRT機能のように他の利用者のフィード投稿を自分のアカウントのフィードで紹介できます ただし、無断転載はしないように気を付けてください 他者の投稿を引用する場合はコメントやDMで事前に掲載して問題ないか許諾を取ります
改行くん	Instagramで改行できないときは代わりに「.」などを入れる必要がありますが、この改行くんで投稿文をコピー＆ペーストすると何も記号を入れなくても改行できます。さらにハッシュタグを何個つけているかカウントする機能もあります
グリッド：Instagramの計画	Instagramで投稿する前に、このアプリで写真の配置を入れ替えて、視覚的に投稿を計画できます

Fonts	筆記体などフォントをカスタマイズすることで目立つプロフィール、投稿文を作れます
VSCO	写真を魅力的に仕上げる加工アプリです。フィルターの種類が多く、さらに細かい調整が簡単にできます
CapCut	TikTokを運営しているByteDanceが開発している動画編集アプリ。Youtubeに投稿できるクオリティの動画編集がスマートフォンでできます
PicsArt	写真加工・動画編集に特化しているアプリ。手描きで文字を描いたり、動画にテロップを入れたりすることができます
Canva	デザインテンプレートが豊富。Instagramのフィードやストーリーズテンプレートはもちろん、ポスターやチラシ、名刺のデザインもテンプレートを元に無料で作れます

→ スマホアプリで写真を補正する方法

　カフェやレストラン、バーなどの飲食店で黄みの強い照明を使っている場合は、写真の補正が必須です。ここからは、スマートフォンのアプリを活用した写真の補正方法をご紹介していきます。必ず入れておきたいアプリでご紹介しました「VSCO」を立ち上げます。

　試しに加工したい写真を選択し、好みのプリセットをいくつか選択してみましょう。おすすめは「C1」「E3」「G3」です。フィルム風の色味が楽しめるかと思います。ただし、今のInstagramは加工しすぎないナチュラルな写真が好まれるので、無理にプリセットを選ぶ必要はありません。商品写真の場合は、実際に目にした通りの色に近づけなければ「想像していた色味と違った」と顧客からクレームを頂くことになるかもしれません。Instagramの世界観づくりにフィルム風のフィルターは有効活用できますが、実際の商品販売ページでは目にした通りの色味にするなどの工夫が必要です。

　露出、コントラスト、シャープ処理、トーンなどを左右に大胆にスライドして編集していきましょう。黄みの強い照明の場合は、ホワイトバランスをタップして色温度を−値に設定します。そして写真のゆがみ、傾きも

Chapter 01
Chapter 02
Chapter 03
Chapter 04
Chapter 05
Chapter 06
Chapter 07

Instagramショップの基本

調整しましょう。調整をタップして、角度とスキューを調整します。

これで魅力的な写真に仕上がったはずです。

→ スマホアプリで文字を入れる方法

フィードやストーリーズで、営業スケジュールやフォロワー限定特典を伝えたいと思ったことはありませんか。そんなときに役立つのが「Canva」です。豊富なデザインテンプレートの中から、写真と文字、または文字だけでInstagram投稿用のクリエイティブを制作できます。おしゃれな日本語フォントも多いです。テンプレートからインスピレーションを得ながら、オリジナルのデザインを作ってみてくださいね。

● Canvaの投稿デザインテンプレート

無料でデザインテンプレートを活用できる
https://www.canva.com/

→ スマホアプリで動画のテロップを入れてみよう

さて、ここからは中上級者向けの動画編集の方法を解説します。ここ数年でストーリーズやIGTV、さらにはReelsと縦型動画の配信面が強化されています。魅力的なInstagramショップを運営していくには、縦型動画のクオリティ向上も求められます。なぜ動画のテロップの入れ方を伝授するかというと、閲覧者は音声をオンにしているとは限らないからです。商品のディティールを伝える動画を投稿したいときや、ライブ配信のアーカイ

ブをIGTVに投稿するときなどに役立ちます。

　アプリの「CapCut」を立ち上げて編集したい動画を選択しましょう。まずは「編集」をタップし、不要な部分を分割して削除します。続いて「テキスト」を選択して文字を打っていきます。「エフェクト」を選択するとテロップに最適なデザインが選べます。可読性の高いテロップのデザインを選びます。完成したら書き出しです。IGTVに投稿する場合、解像度は720ピクセル以上でフレームレートは30FPS以上を選択します。スマートフォンからIGTVを投稿する場合は1分以上15分以内、デスクトップコンピューターから投稿する場合は1分以上60分以内と要件が異なるので注意が必要です。

→ iPadとApple Pencilで投稿画像づくり

　Instagramで写真に手描きの文字が入っているクリエイティブを見たことはありますか。手描きの文字が入ることで、人の温かみを感じられるクリエイティブに仕上がります。スマートフォンに指で描くこともできますが、Apple Pencilをお持ちの方は筆圧で遊んでみてもいいかもしれません。おすすめのアプリは「Procreate」です。¥1,220と有料アプリではありますが、サブスクリプションではなく買い切りです。アパレルの商品はセールスポイントを描き込んでみたり、フードはこだわりの食材の解説を描いたりしてみましょう。商品を魅力的に見せる選択肢のひとつです。

● iPad+Apple Pencil制作例

商品に関する情報を手描きで入れるだけで伝わりやすくなる

Section 03 オンライン接客

→ オンライン接客が必要な理由

　新型コロナウイルス感染症の拡大により、消費者の購買行動は大きく変化しました。店舗は営業時間の短縮や入場制限などの制約があり、消費者自身も新型コロナウイルス感染予防のために訪れる機会が減っています。一方でECサイトの利用が増加し、オンラインでいかに購買に結びつけるかが重要な時代に突入しています。そこでオンラインカウンセリングや自動返信機能などを活用してオンライン接客を強化していく必要があるのです。消費者側もオンライン接客に慣れているとは言い切れません。非接触型の購買ニーズを読み取りながらトライ＆エラーで挑戦していく心構えが必要となります。

　Instagramでオンライン接客する最大のメリットは、未顧客や顧客に対して複数の機能を使って多角的にアプローチできることです。たとえばWeb会議ツールのZOOMはビデオ通話が可能です。しかし、URLを発行してログインしてもらう必要があるため、ZOOMを使ったことがないお客様には少々ハードルが高く感じられるかもしれません。未顧客の場合はよほどブランド・商品が気になっていないとZOOMでオンライン接客は受けないのではないでしょうか。

　しかし、Instagramはお客様と1：1でビデオチャットを通じてオンラインカウンセリング、DMやコメントでカジュアルなコミュニケーション、大人数向けに商品の魅力を伝えるライブ配信などを1つのプラットフォームで多角的にアプローチ可能です。未顧客の顧客化、顧客のロイヤリティ化がInstagramで実現できるのです。それではここから具体的なオンライン接客方法をお伝えしていきます。

→ ビデオチャットで1:1接客

　LINEのビデオ通話と近しい機能がInstagramにもあります。ビデオチャットという機能で、最大4名でビデオチャットができます。

　この機能を活用して、オンライン接客を実施してみてはいかがでしょうか。未顧客に対してブランドの理念や商品を説明したり、顧客と仲を深めるコミュニケーションをしたりできます。たとえばフィードやストーリーズでオンラインカウンセリングの告知を行います。注意点としては、申し込み者は非公開アカウントだと相互フォローでない限りビデオチャットができません。原則、公開アカウントのみ申し込みを受け付ける形がいいかと思います。応募者とDMで日時を調整し、あとはビデオチャットをはじめるだけです。

　当日に向けて、準備は念入りに行いましょう。お互いの集中力が持つのは最大1時間と思っておいたほうが安心です。短い時間で簡潔に魅力を伝えられるようにリハーサルしておくのもおすすめです。基本の構成は自己紹介、オンライン接客の流れの説明、ブランドや商品の説明、質疑応答、締めの挨拶です。9：16の縦型の画角となるので、自分のバストアップくらいしか写りません。全身を写したい場合はスマートフォン用のスタンドを使用するか、もう一人のスタッフがスマートフォンを持って挑みましょう。紹介したい商品はすべて手元に用意しておくと慌てずに済みます。

→ 顧客満足度を向上するコミュニケーション

　企業のSNS運営において、アクティブサポートという役割があります。なかなか聞きなれない言葉ですが、アクティブサポートとはブランドや商品に対する言及に対して、能動的にサポートすることを指します。Instagramでブランド名や商品名などのキーワードでハッシュタグ検索し、コメントやDMでコミュニケーションを行います。投稿者によっては、いきなり公式アカウントから連絡がきたらびっくりしてしまうかもしれません。ほどよい距離感を保って話しかけましょう。「●●の商品、よかった！」というポジティブな言及に対しては「ご購入ありがとうございます。気に入って頂けて嬉しいです。●●がこだわりポイントです。Instagramで他の商品

もご紹介しているので、ご覧いただけましたら幸いです。」というように御礼と一言添えましょう。明らかに定型文だとわかってしまうと冷めてしまいます。オフラインの接客と同様、Instagramでも温かみのあるコミュニケーションを心掛けていきたいですね。

→ コメント、DM返信はすべき？

　ファン化促進のために、フィード投稿のコメントはなるべく返信しましょう。あまりにも数が多い場合は、せめて「♡」のダブルタップは行いたいですね。公式アカウントとコメントした利用者のアカウントの結びつきが強くなり、公式アカウントの投稿が表示されやすくなるメリットもあります。

　海外の成功しているD2Cブランドは、DM返信する専任の担当者がいるほど手厚いサポートを行っています。顧客の期待を超えるサポートは、時に未顧客を引き込む宣伝になることもあります。というのも、顧客がカスタマーサポートとのやりとりをキャプチャしてTwitterなどのSNSで拡散することがあるのです。素晴らしい内容であれば賞賛されますが、逆も然りです。たとえDMであってもクローズドなやりとりではなく、拡散されてもおかしくないということを念頭に置いたコミュニケーションが重要です。

→ ライブ配信で商品の細部を紹介

　Instagramのオンライン接客の代表的な手法はライブ配信です。ライブ配信に対して苦手意識をもつ多くの方は「上手く話せるか不安」「トラブルが起きたらどうしよう」と本番で何かあったときのことを考えてしまう方が多いように感じます。ライブ配信は準備が9割です。それに最初のライブ配信から上手くいくことなんてほぼありません。最初は視聴者数も少ないですし、反応数もそう多くはないでしょう。ライブ配信はとにかく質よりもまずは量です。ご自身がライバー（ライブ配信者）として、ライブ配信機能の使い方やスマートフォンに向かって喋るなどの配信自体に慣れることがファーストステップ。続いて、ライブ配信の回数を重ねることによ

って、前月よりも少し多い視聴者数を得たり、コメントが増えたりすると成長を実感されるのではないかと思います。

Instagramのライブ配信は、まだショッピング機能が付与されていません。そのため直接的な売上には結び付きませんが、間接貢献という意味では大きな影響を与えます。

視聴者からコメントをリアルタイムで受付ながら、通常の静止画投稿やストーリーズの動画投稿では見せきれない商品のディティールを配信することが可能です。コメントでは購入検討者から「●●（商品名）に裏地はついていますか？」などの具体的な質問が寄せられるはずです。商品の細かいディティールを見せたり、使用感を伝えたりすることで、ブランドと商品双方の理解が深まり、ファン化を促進します。

ライブ配信前、配信中、配信後でそれぞれ必要な対応事項は以下の通りです。

実施時期	対応事項
ライブ配信前	• ライブ配信テーマ、日時決定 • 簡単な台本とタイムスケジュールの準備 • 告知（フィード、ストーリーズ） • 撮影スペースの確保と機材準備 • ライブ配信で紹介する商品 • リハーサル
ライブ配信中	• ライブ配信のタイトル設定 • 配信者のコメント固定 • 視聴者のコメント拾い読み
ライブ配信後	• IGTVでアーカイブ公開 • 振り返り

まずライブ配信テーマや日時は大枠だけ決めて、ストーリーズの質問やアンケートスタンプを使ってフォロワーに希望を尋ねてみましょう。とくに配信時間によって視聴者数が左右されます。平日18時、21時、22時、土日10時など、どの時間帯にライブ配信が観やすいかはフォロワーの属性によって異なります。ストーリーズでフォロワーに何曜日の何時がライブ配信を視聴しやすいか尋ねてみたり、実際に配信する時間を最初はあえてバ

ラバラにしたりして、どの曜日の時間帯がもっとも視聴者数が伸びやすいか分析してみましょう。たとえば平日夜の夕食後の寝る前の時間帯がもっとも観られやすいなどの傾向が出てきたら、配信曜日と時間帯を固定することをおすすめします。フォロワーに「毎週○曜日の○時からはライブ配信」という印象を定着させられたら、定期的に視聴してくれるファンを増やしていくフェーズに進めます。

　そしてライブ配信前に簡単な台本やタイムスケジュールも用意しておくといいでしょう。緊張で話そうと思っていたことを忘れてしまったり、コメント欄が盛り上がらずに一人で喋り続けなければいけなかったりしたときに役立ちます。しかし、台本を作りこみすぎるのは避けましょう。なぜかというと、台本を読んでいる感が出てしまうと視聴者は冷めてしまうからです。あくまで大枠の構成を箇条書きに書く程度がちょうどいいでしょう。アパレルブランドの台本、タイムスケジュール例をご紹介します。

タイムスケジュール・台本例	
配信日時　2月9日（火）21:00〜22:00 配信テーマ　春の新作紹介（5コーデに絞って紹介） 配信の狙い　予約数の増加	
00:15〜　ご挨拶、自己紹介、少し雑談 01:00〜　ライブ配信の流れご説明 02:00〜　春の新作のポイント3つ 　　　　　　1.〜〜〜〜 　　　　　　2.〜〜〜〜 　　　　　　3.〜〜〜〜 05:00〜　1コーデ目ご紹介 （特に伝えたいポイント：〜〜〜〜〜） 15:00〜　2コーデ目ご紹介 （特に伝えたいポイント：〜〜〜〜〜） 25:00〜　3コーデ目ご紹介 （特に伝えたいポイント：〜〜〜〜〜） 35:00〜　4コーデ目ご紹介 （特に伝えたいポイント：〜〜〜〜〜） 45:00〜　5コーデ目ご紹介 （特に伝えたいポイント：〜〜〜〜〜） 55:00〜　予約方法ご案内、次回の 　　　　　　ライブ配信告知、ご挨拶	ご挨拶： みなさん、こんばんは！　○○担当の○○です。（卓上名札を見せる） 今日のライブ配信は春の新作をご紹介します。 新作の中でも人気があるワンピースや、春アウターを使ったコーディネートをお見せしていきます。 公式サイトで予約を受け付けていますので、お気に入りの商品が見つかったらぜひ予約お願いします。 また皆さんのコメントを見ながら商品をご紹介していきますので、ぜひ気軽に感想や質問をコメントで書いてくださいね！

　次にライブ配信の告知方法をご紹介します。Instagramライブ配信の告

Chapter
01
Chapter
02
Chapter
03
Chapter
04
Chapter
05
Chapter
06
Chapter
07

知方法は大きく分けて2つあります。1つ目はフィード投稿で告知を行う方法です。画像を制作する際、最低限入れておきたい要素は、ライブ配信のお知らせ、配信テーマ、配信日時、配信者の顔写真です。もしゲストも呼ぶ場合はゲストのお名前と顔写真も追加します。投稿文ではライブ配信の概要に加えて、ストーリーズで質問募集中とアナウンスしておきましょう。そして投稿ボタンをタップする前にリマインダーを設定します。「イベントを追加＞イベント名にライブ配信テーマを入力＞開始日時を設定＞完了」をタップします。そうすると、フィード投稿にイベントの通知タグが表示され、利用者はライブ配信の15分前にプッシュ通知を受け取ることができます。ファンの方々が「ライブ配信を視聴したかったけど、つい忘れてしまった！」なんてことがないように、機能を上手に活用してリマインドしていきましょう。

投稿設定画面でイベントのリマインダーを設定できる

　そして2つ目の告知方法はストーリーズ投稿です。フィード投稿の画像を活用し、「質問」スタンプを活用してライブ配信で聞きたいことを募集しましょう。またストーリーズには「カウントダウン」スタンプがあり、ライブ配信までの時間をカウントダウンできます。この「カウントダウン」スタンプもリマインダーの役を果たすため、ぜひ2投稿目などで使用してみてください。フォロワーが「カウントダウン」スタンプをタップすると、終了する際に通知を受け取れます。

Chapter 01
Chapter 02
Chapter 03
Chapter 04
Chapter 05
Chapter 06
Chapter 07

新商品発売などのイベントに向けてカウントダウンで盛り上げられる

　告知はフィードとストーリーズ両方で行うことを推奨します。Instagram利用者によっては、フィードをよく閲覧する人もいれば、ストーリーズをメインに閲覧している人もいるからです。双方にリーチできるように告知しましょう。また、Instagram以外にも他に運用しているSNSや公式サイトで告知するのも効果的です。

　告知するタイミングは早すぎても遅すぎてもよくありません。1週間前、3日前、前日、当日と複数回発信しましょう。また毎回まったく同じ告知内容だと飽きられてしまう可能性があるため、最初は配信日時とライブ配信テーマのお知らせ、2回目でゲスト発表、3回目で質問募集、4回目でこれまでの情報を集約して告知するなど、段階的に情報を公開していく方法もあります。

　ライブ配信前に撮影スペースの確保と機材準備を行いましょう。まず撮影スペースですが、ブランドの世界観が伝わる背景が理想です。ごちゃごちゃした背景よりは、シンプルな背景のほうが商品を際立たせられます。電波が悪いと配信が中断されることもあるので、テスト配信しておくこともおすすめです。また配信用のスマートフォンは容量オーバーにならないように注意が必要です。ライブ配信の動画を保存できないことがあります。

　また、スマートフォン用の三脚はあると非常に便利です。ライブ配信者の増加により、スマートフォン用の三脚も多様化しています。マイク付きや、リングライト付きの三脚も登場しています。また手元を写したい場合には被写体に対して真上から撮影できるようにスマートフォンを固定できるスタンドもあります。ご自身の業種に合わせて購入を検討してみてくださいね。機材が揃ったら、配信当日に機材トラブルが起きないようにリハーサルもしておきましょう。

Chapter 01
Chapter 02
Chapter 03
Chapter 04
Chapter 05
Chapter 06
Chapter 07

Instagramショップの基本

ライブ配信で顧客と
リアルタイムに繋がろう

➜ Instagramライブの基本

　Instagramライブとはその名の通り、リアルタイムで生配信できる機能です。特徴としては視聴者からコメントを受け付けたり、他の人とコラボ配信したりできます。ライブ機能を活用するメリットは、オンラインで視聴者とリアルタイムにコミュニケーションを深められることです。以前までライブ配信は1時間が上限でしたが、アップデートにより1時間の制限がなくなりました。

　ライブコマースはライブ配信を通じて商品を紹介し、購入してもらうことを意味しますが、残念ながら現在のInstagramはまだライブ配信中に商品購入ボタンを押すことは仕様上できません。しかし、ライブ配信で商品を紹介し、配信直後にショッピング機能を活用して購入してもらうことはできます。ライブ配信前にショッピング機能を活用した投稿を事前に行っておきましょう。またIGTVでアーカイブ公開する際にはショッピング機能を活用して商品タグをつけられますし、外部リンクを貼ってECサイトに誘導もできます。ライブ配信では視聴者に臨場感を感じてもらいながら、購入したいという気持ちを引き出すことが重要です。ここからはライブ配信の準備について具体的にご説明します。

➜ ライブ配信の準備と必要なもの

　ライブ配信は慣れが必要です。いきなり公式アカウントで配信するのはリスクが高いため、まずは個人のアカウントで数回だけでも練習してみましょう。友人や知人から質問を受け付けて答えていくと自信に繋がると思います。そしてご自身でライブ配信の練習をしてみると、あれこれ物足りない部分が出てくるはずです。インターネット環境はこれでいいのか、1時間の構成はどうすべきか、機材を買い足すべきかなどなど。そこで、あ

ると安心できる便利アイテムを一覧化してみました。

Chapter 01
Chapter 02
Chapter **03**
Chapter 04
Chapter 05
Chapter 06
Chapter 07

ライブ配信であると便利なアイテムと機材	
便利アイテム	**ネームプレート** 視聴者に名前を覚えてもらうために、ネームプレートに愛称を書いておきましょう スマートフォンの外カメラ(アウトカメラ)でライブ配信すると文字は通常通り写りますが、内カメラ(インカメラ)は左右反転になります おすすめは外カメラでライブ配信しながら、手元に2台目のスマートフォンを置いてコメントを拾い読みしましょう
	2台目のスマートフォン コメントとライブ配信の写りを確認する用のスマートフォンです ライブ配信中に視聴者のコメントを読む際に配信しているスマートフォンに顔を近づけなくて済むよう、手元にコメントを閲覧する用の2台目のスマートフォンがあると便利です
	配信テーマを記載した張り紙やテロップ 途中から視聴した視聴者も今何を話しているか、ビジュアルで一目でわかるように配慮しましょう A4以上の紙に太めのペンでトークテーマやポイントを記入して、ぱっと映せるようにしておきましょう
	カンペ ライブ配信している間はスマートフォンでほかの作業ができません そのため、構成やここぞという伝えたいことはメモしておくと安心です
機材	**スマートフォン用の三脚** 何かに立てかけて撮影することもできますが、万が一スマートフォンが転倒したときに視聴者としては心象がよくありません ライブ配信用にスマートフォンを縦に固定できる三脚がAmazonなどで販売されています 三脚があれば自由に角度も変えられてストレスフリーです
	ピンマイク BGMや環境音の音が大きい場所では、スマートフォンに繋げられるピンマイクがあると配信者の声をクリアに届けられます マイク付きイヤホンでも代用可能です 視聴者から「聞こえません」というコメントが相次ぐ場合は導入を検討してみてください
	リングライト 目の中に光のアイキャッチを入れるだけで生き生きして見えます とくに夜の室内は案外暗かったり、照明の黄みが強かったりします

視聴者としてライブ配信を面白く感じるのはあくまで生っぽさなので、ほ

Chapter 01
Chapter 02
Chapter 03
Chapter 04
Chapter 05
Chapter 06
Chapter 07

Instagramショップの基本

どほどに準備したらリラックスして臨みましょう。

　ライブ配信の目標設定としては2ステップあり、まずは視聴者数の増加です。その次に視聴率の上昇が挙げられます。

　視聴者数を増加させるためには、告知が重要です。ライブ配信の告知からアーカイブ公開までの一連の流れをご説明しましょう。まずはフィードやストーリーズで告知投稿を行います。その際、視聴を希望する利用者に通知が飛ぶようにイベントのリマインダー機能を設定します。そして次に、ライブ配信で答える質問を募集します。ストーリーズの質問スタンプを活用しましょう。そして本番を迎えて、もらった質問に回答をしていきます。ライブ配信後は見逃したファンのためにIGTVでライブ配信のアーカイブ動画を公開することをおすすめします。ライブ配信終了後に「IGTVシェア」「動画をダウンロード」「動画を削除」と自動的に選択肢が表示される仕組みになっています。IGTVでライブ配信動画をシェアする際、IGTVのカバー画像はライブ配信動画からフレームを選ぶか、カメラロールの写真を選べます。そして定期的に同じ曜日、時間帯でライブ配信を行うことでリピーターがつきやすくなります。

　ここからは、視聴率を上昇させるためのコミュニケーション術を解説していきます。

→ ライブ配信におけるコミュニケーション術

　視聴率を上昇するためには、視聴者の心を掴み続けることが必要です。視聴者の心理として、ライブ配信を視聴中はスマートフォンでほかのことができません。魅力的な情報があふれている中で視聴し続けてもらうにはどうするべきでしょうか。その答えは視聴者が気になる情報を散りばめることです。ライブ配信ではじめて公表する情報をストックしておいたり、Q&Aコーナーで質問に答えたり、シークレットゲストを呼んだり、サプライズを仕掛けましょう。

　途中から視聴した人も話についていけるように、ライブ配信中はコメントを固定しておくことをおすすめします。配信中は何度でも変更できます。コメントで配信テーマを投稿後、長押ししてコメントを固定できます。

→ 実際にライブ配信してみよう

　現在はスマートフォンでのみライブ配信が可能です。Instagramのホームから右にスワイプするとストーリーズやリールに並んでライブ配信の準備画面になります。左上の歯車アイコンをタップするとさまざまな設定ができます。フロントカメラをデフォルトに設定するか、ライブ動画をアーカイブに保存するかなどです。このタイミングでカメラロールに保存をオンにしていたとしても、スマートフォン自体の容量がオーバーしてしまうと保存されませんのでご注意ください。次にタイトルを設定し、画面下のライブ配信ボタンをタップするといよいよライブ配信が開始されます。

LIVE配信の事前設定を行う

　ライブ配信中は、視聴者数とコメントが表示されます。不快なコメントが相次ぐ場合の対処法としては、設定から特定のキーワードのコメントを非表示にしたり、コメントできる視聴者の制限も可能です。また、フロントカメラとインカメラを瞬時に切り替えられます。誤ってタップしないように注意しましょう。はてなマークのアイコンをタップすると、視聴者からの質問に答えることができます。積極的に活用しましょう。

　iOSのスマートフォンでライブ配信を行う場合は、カメラロールの写真をライブ配信中に視聴者に二画面で共有することができます。また配信中に写真を切り替えることも可能です。商品写真や、ブランド素材を保存しておくとプレゼンしやすいですね。

ライブ配信中に視聴者から寄せられた質問をフリップとして表示しながら答えられる

　ライブ配信を終了したいときは、右上の×マークをタップし、「今すぐ終了」をタップします。そのままIGTVでシェアすることができます。そのままIGTVに投稿する場合は、カバーを選択してタイトルと詳細を入力し、投稿しましょう。IGTVの投稿文はURL遷移が可能なので、ECサイトの商品ページのリンクを埋め込んでEC送客できる機会です。シリーズはカテゴリのようなもので「商品紹介」「Q&A」「商品開発の裏側」などでシリーズ化して振り分けてみてはいかがでしょうか。

→ 海外では「投げ銭」機能が活用されている

　2020年6月に投げ銭機能「バッジ」が登場しました。まだ日本国内の全利用者が使えるわけでなく、一部のアカウントのみ使用できます。ビジネスアカウントではなく、クリエイターのマネタイズを支援する目的で開発されています。数カ月のうちに米国やブラジルなどで使用拡大されるそうですが、日本での正式なローンチは未定です。

　ゆくゆくは導入されると思うので、投げ銭機能がローンチされる日に向けてライブ配信のノウハウを蓄積しておきましょう。

Chapter 01
Chapter 02
Chapter 03
Chapter 04
Chapter 05
Chapter 06
Chapter 07

Chapter 01
Chapter 02
Chapter 03
Chapter 04
Chapter 05
Chapter 06
Chapter 07

Instagramショップの基本

Section ▶05 人気ショップの テクニック

→ 新機能はすぐにチャレンジする

　これはInstagramに限らず、どのSNSでもいえることですが、新機能は いち早く試して先行優位を得ていきましょう。数千万人が利用しているプ ラットフォームで目立つには、かなり労力がいります。日々の小さな工夫 を積み重ねていき、ヒットからホームランを狙うのです。しかし、新機能 だけは話が違います。周りの人たちが使っていないうちに新しい機能を活 用するだけで注目を浴びやすくなります。リーチが増加する上に、誰より も早く試すことによって勝ちパターンをいち早く蓄積していくことができ るのです。

　とくにInstagramはほかのSNSと比較してもアップデートが頻繁に起き ます。さまざまなテスト中の機能付与も利用者ごとに行われており、人に よってInstagramの見え方が異なるほどです。もし新しい機能が追加され たら積極的にチャレンジしてみましょう。

→ ストーリーズで商品発売のカウントダウン

　Instagramショップで初動の売上を上げるためには、発売までの施策が 重要です。発売までに告知を複数回行い、購入したいという気持ちを掻き 立てましょう。そこで役立つ機能はストーリーズのカウントダウンスタン プです。発売日までカウントダウンし、閲覧者がリマインドをオンにする と事前に通知が届く仕様になっています。

　発売までにティザー投稿、商品発売の背景やこだわり、ファンの声をシ ェアして盛り上がりを醸成していくことがポイントです。

→ リアル店舗への送客テクニック

　今すぐにできる施策としては、プロフィール上に営業時間と住所を記載することです。新型コロナウイルス感染拡大の影響で営業時間が変わっていたり、予約制に切り替わっていたりと、店舗に行く前にかならず公式サイトかInstagramをチェックしている人が多いことでしょう。そこで最新の情報をプロフィールトップに記載しておくことが必要です。さらに、週1回の頻度で営業時間をこまめにストーリーズでお知らせしてもいいと思います。

　どのような店舗なのか、店舗スタッフはどういう人がいるか、店舗に訪れるとどんな体験ができるか、どのような写真や動画をシェアできそうかなど、想像を膨らませられるコンテンツが必要です。営業日には1日1回以上、店内の風景や店舗スタッフの挨拶などカジュアルに投稿できる状態が理想です。

　ほかにも、フォロワー特典を用意するという選択肢もあります。Instagramをフォローしている画面を店舗で見せるとトッピング無料、ミニギフトプレゼントなど、店舗に訪れることで得られるメリットを提示します。店舗に送客したいターゲット層によってインセンティブは変わります。ライトなファンであればすぐに使えるサンプル品などが嬉しいでしょうし、コアなファンは工場見学や商品開発の場に参加できるなどのブランドに深く関われることに歓びを感じるかもしれません。店舗に誘導したい顧客のイメージを膨らませながら設計しましょう。

→ オーナーや従業員の顔を覚えてもらう

　お客様に親しみをもってもらうためには、オーナーや従業員も積極的にストーリーズやライブ配信で顔を出して発信することも効果的です。お客様が呼びやすい愛称もあると仲が深まりやすいことでしょう。顔出しに抵抗感を持つ従業員もいるはずなので、配信は無理強いせず、オーナー自ら進んで取り組むことが重要です。一方で顔出しすることにはリスクも伴います。オーナーが従業員を守る意識を持ち、自宅住所の特定やストーキング行為などのトラブルに発展しないように目を光らせてください。お客様

Chapter 01
Chapter 02
Chapter 03
Chapter 04
Chapter 05
Chapter 06
Chapter 07

Instagramショップの基本

とも適度な距離を保ちながらコミュニケーションしましょう。また公式ア
カウントの運用においてオーナーをはじめ、従業員が何人も出てしまうと
フォロワーは覚えきれません。頻繁に顔を出して配信するのは1～2人くら
いがちょうどいいです。

Instagramの機能を
フル活用しよう

Chapter 01
Chapter 02
Chapter 03
Chapter **04**
Chapter 05
Chapter 06
Chapter 07

Instagramの機能をフル活用しよう

6つの配信面の使い分け方

→ 各配信面を網羅的に使いこなそう

Instagramには6つの配信面があります。Feed（フィード）、Stories（ストーリーズ）、IGTV（アイジーティービー）、LIVE（ライブ）、Reels（リール）、Guide（まとめ）の特徴をそれぞれ解説していきます。

年齢、性別、趣味嗜好によって投稿・閲覧している配信面が異なります。ターゲットは配信面ごとにどのような使い方をしているか分析し、利用傾向に合わせて配信の比重を変えながら網羅的に発信していきましょう。

→ Feed（フィード）

個性や世界観を表現する場です。Instagramアカウントをフォローするには、基本的にプロフィールトップの上部にある「フォローする」ボタンを押す必要があるため、フィード投稿一覧の世界観の作り込みが重要です。ブランドや商品の魅力を伝える場にしましょう。

タイムラインの表示順は時系列ではなくなりました。そのため、フォローしている人の古い投稿が表示されることもあります。さまざまな方法やシグナルを利用して表示される順番が決定されます。シグナルの一例としては、閲覧者がそのコンテンツに関心を持つ可能性の程度や投稿がシェアされた日付、投稿者と閲覧者の過去の交流が挙げられます。

アプリ上でいいね数は表示か非表示にするか選べます。デスクトップコンピューターからは他者のいいね投稿を閲覧することができます。

投稿文に記載したURLは遷移できませんので、入れないことを推奨します。ハッシュタグは30個まで付けることができます。

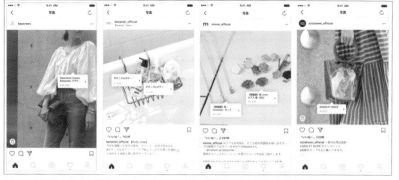

フィード投稿から商品が購入できる「ショッピング機能」を活用した投稿例
https://about.fb.com/ja/news/2018/06/instagram_shopping/

→ Stories（ストーリーズ）

今この瞬間の日常を気軽に発信する場です。最大の特徴は24時間で投稿が消えることです。ブランドの裏側、商品の開発工程などリアルな発信が好まれます。

画像や15秒以内の動画を投稿でき、メンション（@ユーザー名）をつけられた場合に自身のアカウントでのシェア可能となります。15秒以上の動画を投稿しようとすると、自動的に投稿が分割される仕様になっています。

一部のアカウントのみURLをつけて外部遷移が可能です。認証バッジがついたアカウントや、フォロワー1万人以上のアカウントなどが該当します。

質問やアンケートスタンプなどを活用するとインタラクティブなコミュニケーションを行えます。さらにストーリーズでもショッピング機能が利用できます。

Chapter 01
Chapter 02
Chapter 03
Chapter 04
Chapter 05
Chapter 06
Chapter 07

Instagramの機能をフル活用しよう

Chapter 01
Chapter 02
Chapter 03
Chapter 04
Chapter 05
Chapter 06
Chapter 07

投稿から商品が購入できる「ショッピング機能」がInstagramストーリーズでも利用可能に
https://about.fb.com/ja/news/2018/09/shopping_in_stories/

　プロフィールのトップにストーリーズを追加して、ハイライトとして表示することができます。ハイライト表示したストーリーズは24時間経っても消えずに残しておけます。ハイライトはプロフィール写真の下に表示されます。ハイライトカバーは過去に投稿したストーリーズから選ぶか、またはカメラロールから写真をアップデートできます。

プロフィールに過去のストーリーズ投稿をハイライトとしてを追加できる
https://about.fb.com/ja/news/2017/12/instagram_highlight_archive/

ハイライト投稿の例としては「Information（営業日などのお知らせ）」「Q&A」「About Us」「Reviews（クチコミ紹介）」「Store（店舗紹介）」などがあるといいでしょう。ハイライトカバーは色味やデザインを揃えると統一感が出ます。

さらにGIFスタンプを使って表現の幅を広げられます。オリジナルのGIFスタンプは「GIPHY」というサイトから登録することができます。Facebook社が2020年に「GIPHY」を買収しました。

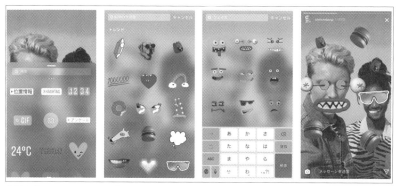

企業公式やクリエイターが作成したGIFスタンプをストーリーズに貼り付けられる
https://about.fb.com/ja/news/2018/01/instagram_gifstickers/

ここからはオリジナルGIFをストーリーズで投稿する方法をお伝えします。まずはオリジナルのGIF素材をご用意ください。GIFアニメーションの作り方としては、初心者はスマートフォンのアプリで、上級者は「Adobe Photoshop」やiPadアプリ「Procreate」で作ってみてはいかがでしょうか。初心者向けのアプリはアプリストアで「GIF」と検索するといろいろなアプリが出てくるので、作りたいイメージに近いアプリを選んでダウンロードしてみてくださいね。

次にGIPHYの公式サイトにアクセスし、アカウントを新規登録しましょう。アカウントログイン後、右上の「Upload」ボタンをクリックします。そしてオリジナルの素材をアップロードします。Source URLには公式InstagramのURLを入力し、Add TagsではストーリーズでGIF検索するときのキーワードを一つずついれます。たとえばオコジョのGIFの場合は「オコジョ」「アニマル」「小動物」のように関連キーワードを複数個追加し

113

ます。これで準備は完了です。「Upload to GIPHY」をクリックすれば申請となり、数日後に承認されてストーリーズで使えるようになります。またダッシュボードではアップロードしたGIFがどれくらいの人に閲覧されたかを知ることができます。海外の利用者のあいだでヒットすると閲覧数が伸びやすいため、関連キーワードは日本語だけでなく英語も追加しておくことを推奨します。

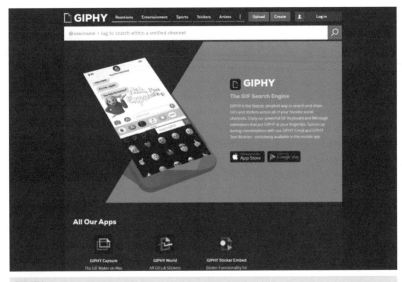

GIPHY
https://giphy.com/

Instagramストーリーズで使うGIFスタンプを登録できるサイト

Chapter 01
Chapter 02
Chapter 03
Chapter 04
Chapter 05
Chapter 06
Chapter 07

Instagramの機能をフル活用しよう

● GIPHYの登録方法

❶まずはGIPHY上（https://giphy.com/join）でアカウントを作成する

❷アカウントログイン画面に遷移

Chapter 01

Chapter 02

Chapter 03

Chapter 04

Chapter 05

Chapter 06

Chapter 07

Instagramの機能をフル活用しよう

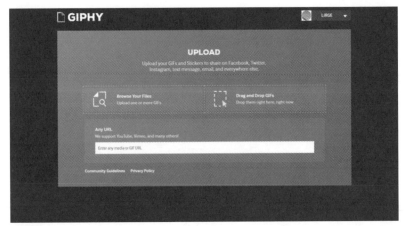

❸準備していたGIFをアップロード

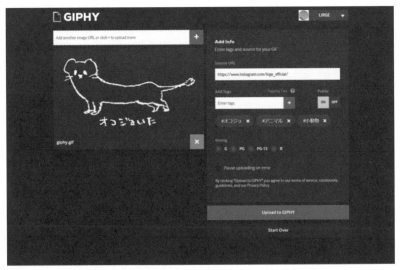

❹ストーリーズ上でGIFを検索したときに表示させたいキーワードを入力する

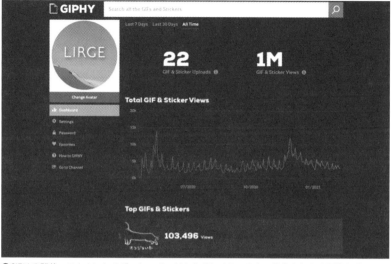

❺GIFは公開後、アカウントのダッシュボードからどれくらいの人に見られたか表示数を確認できる

→ IGTV（アイジーティービー）

　長尺の動画で表現する場です。縦型のフルスクリーンでダイナミックに表現することを推奨しますが、横型の動画も投稿できます。1～60分の動画を投稿可能で、ストーリーズやライブ配信とは異なり残り続けるため、コンテンツをストックすることができます。

　スマートフォンからアップロードする場合は最大15分、ウェブからアップロードする場合は最大60分となります。さらに投稿文からURL遷移できることも魅力のひとつです。ほかの配信面はほとんど外部リンクをつけられませんが、IGTVだけはリンク遷移させることが可能です。

Chapter 01
Chapter 02
Chapter 03
Chapter 04
Chapter 05
Chapter 06
Chapter 07

Instagramの機能をフル活用しよう

IGTVの投稿文内に複数の
外部リンクを設置し、遷
移させられる

　IGTVの投稿コンテンツ例としては、ライブ配信アーカイブ、インタビュー、ドキュメンタリー、イベントレポート、CMギャラリー、IGTVドラマなどが挙げられます。

→ LIVE（ライブ）

　リアルタイムで視聴者と繋がれる場です。以前は1時間まで配信可能でしたが、今では最大4時間配信できます。また配信終了後はIGTVでアーカイブを公開するか選べます。動画も保存できますが、視聴者のいいねやコメントは保存されませんのでご注意ください。配信後にコメントを見返したり、どなたが参加してくださっていたかを知りたい場合は、スマートフォンで画面収録をしておく必要があります。

　視聴者はハートボタンのタップやコメントでリアクションできます。ライブ配信未経験者は心理的ハードルが高く、なかなか勇気が出ない方もいらっしゃるかもしれません。しかし、ライブ配信はリアルタイムに顧客と繋がれる貴重な場です。どうしても不安な場合は、個人のアカウントでテスト配信してみるといいでしょう。落ち着いて機能をいろいろ試してください。そうすれば本番で慌てずに済みます。慣れてきたら、コメントを拾

Chapter 01
Chapter 02
Chapter 03
Chapter **04**
Chapter 05
Chapter 06
Chapter 07

い読みしながら配信してみてくださいね。

またStoriesで集めた質問スタンプを活用してQ&Aコーナーを設けることも可能です。インタラクティブなコミュニケーションがライブ配信成功の秘けつです。

ライブ配信はこれまで1人で配信か、もう1人招待して合計2名で配信できましたが、2021年3月から最大4人でライブ配信できる「ライブルーム」機能がリリースされました。活用例として、4人の販売員や近隣店舗のオーナーがライブルームで配信することにより、フォロワーの相互送客が可能です。

最大4名でライブ配信できる新機能「ライブルーム」を導入
https://about.fb.com/ja/news/2021/03/liverooms/

→ Reels（リール）

短尺の縦型動画で表現する場です。15秒または30秒の動画にBGMを付けて公開できます。TikTokと仕様が似ており、テンポのいい動画コンテンツが好まれます。驚き、発見、学びになるコンテンツが伸びやすい傾向にあります。ハウツーやビフォーアフター動画からはじめるといいかもしれません。

2020年12月に「リール投稿でよく使われたハッシュタグ」をInstagram

Chapter 01

Chapter 02

Chapter 03

Chapter **04**

Chapter 05

Chapter 06

Chapter 07

Instagramの機能をフル活用しよう

が発表しました。「#美容師」「#ハイライト」「#ヘアアレンジ」が人気を博しており、現段階ではファッションやビューティーと親和性が高いことが読み取れます。

　同じ縦型コンテンツのストーリーズとリールの使い分けが難しいと感じる方がいらっしゃるかもしれません。ストーリーズは今この瞬間の出来ごとをシェアする場、リールは魅力をより知ってもらうためのコンテンツをシェアする場として使い分けてみてもいいかもしれませんね。まだまだ発展途上の配信面であり、リールの利用者自体もこれから増えていくことが予想されます。利用者増加に伴って、さまざまな表現が生まれていくことでしょう。利用者が少ないということは、自分たちのコンテンツが発見されやすいということです。このチャンスを逃さず、ぜひトライしてみてください。リール投稿がフォローのきっかけ作りになるかもしれません。

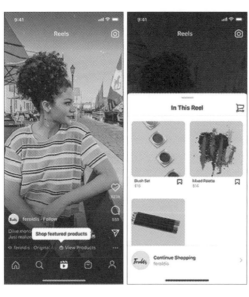

短尺動画のリールでもショッピングを楽しめるように
https://about.fb.com/ja/news/2020/12/shopping_in_reels/

→ Guide（まとめ）

　おすすめの商品やスポットを紹介する場です。2020年11月にローンチされました。自分の投稿や他の人の投稿をキュレーションし、タイトルや説明を加えて記事のような形で投稿できます。現在はショップタブの「ガ

Chapter 01
Chapter 02
Chapter 03
Chapter **04**
Chapter 05
Chapter 06
Chapter 07

イド」から見れたり、まとめを作成しているアカウントのプロフィールトップから閲覧できたりします。まとめのタイプは3種類あり、場所、商品、投稿をそれぞれまとめられます。

「場所まとめ」は位置情報タグを埋め込むことができ、おすすめスポットの紹介にも適しています。

「商品まとめ」ではショッピングに登録している商品をまとめることもできます。商品名や価格も表示されるため、見込み顧客へのアプローチにぴったりです。商品をタップすると商品詳細ページに遷移し、そのあと公式ECサイトで購入できます。また、将来的にはクリエイターや出版社などのメディアのアカウントが作成した「商品まとめ」を発見タブ内の「Instagramショップ」に掲載されるようになるそうです。自分たちで自分たちのコンテンツをまとめるだけでなく、ゆくゆくは発信力の高いお客様にまとめられやすいコンテンツを発信する必要性がでてきそうですね。

「投稿まとめ」では自分のフィード投稿や、他の利用者のフィード投稿をまとめられます。他の利用者の投稿をまとめるにはあらかじめしおりマークのコレクション機能で保存しておく必要があります。リール動画やIGTV動画のプレビューなども、フィードでシェアされていれば引用できます。そして、他の利用者の投稿をまとめると、相手にも通知が届く仕様になっています。

公開したまとめはプロフィール画面に表示されます。フィードやリール、IGTVやショッピングのタブに横並びでまとめのアイコンが表示される仕組みです。公開したまとめには右上に紙飛行機ボタンが出現し、ストーリーズでシェアできます。まとめを公開したら多くの人に見てもらえるようにかならずストーリーズでシェアするようにしましょう。

たとえば飲食店が活用する場合、フィード投稿していたフード写真をまとめることで、メニューとしてご覧いただけます。ヘアサロンは髪型まとめ、ネイルサロンはデザインまとめをしてもいいでしょう。まとめ機能は来訪者のブランド理解促進に役立ちます。ぜひ活用してみてくださいね。

Chapter

01

Chapter

02

Chapter

03

Chapter

04

Chapter

05

Chapter

06

Chapter

07

Instagramの機能をフル活用しよう

まとめのタイプ	タイプの説明と活用例
場所	位置情報タグと、位置情報と関連するフィード投稿を選んでまとめを作成できます 活用例 ● 複数の店舗のコンテンツをまとめて紹介 ● 店舗の周辺スポットをまとめて紹介
商品	ショッピングに登録している商品を引用し、まとめを作成できます 活用例 ● 新作商品をまとめて紹介 ● 商品をキュレーションして特集記事化
投稿	自分や他者のフィード投稿やを引用し、まとめを作成できます 活用例 ● お客様のクチコミをまとめて紹介 ● 投稿テーマをまとめ紹介（例：ヘアスタイル、レシピ、ハウツーなど）

おすすめの商品やスポットなどを紹介する「まとめ機能」を導入
https://about.fb.com/ja/news/2020/09/guide/

→ フィードとストーリーズの使い分け例

　フィードとストーリーズは特徴が異なります。目的に合わせて配信面を選び、配信面に合わせたクリエイティブフォーマットで投稿することをおすすめします。

フィード
● 投稿テキストで商品詳細を説明できる
● コメントで商品に関する質問に答えられる
● 利用者は購入予定商品をコレクション機能で保存できる
● ハッシュタグから新規流入を狙える

ストーリーズ
● 全画面で商品訴求できる
● イベントと相性がいい(例:24時間限定販売)
● ハイライト固定でビジネスプロフィールのトップに表示できる
● GIFスタンプを活用するなど、カジュアルな仕上がりでも違和感なし
● ハッシュタグから新規流入を狙える

→ どれくらい投稿すべき？

　投稿数に正解はありません。しかし、定期的な発信を継続して顧客と繋がることは大切です。投稿頻度の目安としては以下の通りです。

配信面	投稿頻度
Feed(フィード)	週3〜7
Stories(ストーリーズ)	週7〜14
IGTV(アイジーティービー)	週1〜3
LIVE(ライブ)	週1〜7
Reels(リール)	週1〜7
Guide(まとめ)	週0〜1

　こんなにたくさん投稿するなんて、気が遠くなる！　と思う方もいらっしゃるかもしれません。しかし、あまりに投稿頻度が少ないアカウントは利用者視点でフォローするメリットが感じられず、せっかくのアカウント来訪者を逃がしてしまう恐れがあります。Instagramショップは毎日開店を心掛けながら、無理のない範囲でなるべく投稿してみましょう。

　とくにアカウント開設したばかりのときはコンテンツ量が少なく、ショップの世界観が伝わりづらいため、最初の頃こそ投稿数を増やす意識は大切です。

Chapter 01
Chapter 02
Chapter 03
Chapter 04
Chapter 05
Chapter 06
Chapter 07

　また投稿すればするほど、ご自身でInstagramにおける発信のコツを感覚で掴んでいけるようになります。500フォロワー超えるまでは毎日フィードとストーリーズを更新し、週に1回新しいチャレンジとしてリール投稿やライブ配信をしてみるなどの目標を立ててみてはいかがでしょうか。

　投稿頻度は下げてでも、ちゃんとコンテンツを作りこんでじっくりやっていきたいという方も中にはいらっしゃることでしょう。安心していただきたいのは、フィード投稿は投稿後にアーカイブ（非表示）できます。あとから世界観にそぐわなかったと感じた場合に、投稿を非表示設定し、いつでも表示設定に戻すことができます。アーカイブは投稿、またはプロフィールトップから「アーカイブ」ボタンを押すと設定できます。

　自分が「これは反応よさそう！」と思ったコンテンツが伸びずに、意外なコンテンツが伸びるなんてこともありえます。まずは投稿しないことにははじまらないので、とにかく最初は投稿量を意識し、反応を見ながらコンテンツの質を上げていく作戦がおすすめです。

さまざまなタグ付け方法

→ タグ付けの種類

　タグ付けというとフィード投稿の画像内のアカウントタグを思い浮かべる方が多いでしょうか。実はタグ付けといっても、さまざまな種類があります。アカウントタグ、商品タグ、イベントタグ、位置情報タグが挙げられます。やや性質が異なりますが、ハッシュタグやネームタグもありますね。これらの違いを理解して使い分けていきましょう。

タグの名称	解説
アカウントタグ	フィード投稿の場合は投稿画像（または動画）にタグを付けられます。また投稿文でもテキストでアカウントタグを付けられます ストーリーズでは「@メンション」スタンプが同様です。 タグをタップすると該当ユーザーのプロフィール画面に遷移します
商品タグ	フィード投稿の場合はショッピング申請後にタグが出現します。商品タグをタップすると商品ページに遷移します ストーリーズでは「@製品」スタンプが同様です
イベントタグ	フィード投稿で付けられます。リマインダーと通知の役割を担います。開催予定のイベント名と開始日時を開始時間の15分前に通知として受け取れます。興味を持ったイベントに忘れずに参加することが可能です。ライブ配信の告知や新商品発売の告知に効果的です
位置情報タグ	投稿内容の位置情報を知らせることができます 位置情報を登録するにはFacebookでその場所にチェックインする必要があります。ただし、チェックインから反映までにタイムラグがあるのでご注意ください ストーリーズでは「場所」スタンプが同様です
ネームタグ（QRコード）	InstagramをすぐフォローできるQRコードです。発行の仕方は「右上の三本線をタップ>QRコード」で表示されます。QRコードが表示された状態で連続タップするとデザインを変更できます。右上の矢印アイコンから保存できるので、印刷して店舗のドアやレジ横に掲示しましょう

ハッシュタグ	「#（ハッシュタグ記号）」の後ろにキーワードを入れて使います。よくある間違いとして「#（シャープ）」には気をつけてください Instagramのハッシュタグの注意点として「.(ピリオド)」「-(ハイフン)」は使用不可です。「_（アンダーバー）」は使用可能です

アカウントタグの例
https://about.fb.com/ja/
news/2016/11/instagram
_igstoriesupdate/

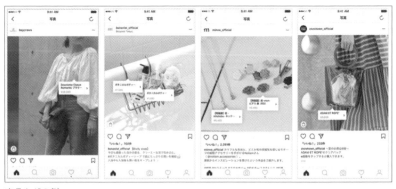

商品タグの例
https://about.fb.com/ja/news/2018/06/instagram_shopping/

イベントタグの例
https://about.fb.com/ja/news/2020/08/instagram_upcoming_events_on_feed_posts/

位置情報タグの例
https://about.fb.com/ja/news/2017/05/instagram_stories_locationhashtag/

→ 店舗からInstagramに送客できるネームタグ

　ネームタグはスマートフォンのカメラで読み込むだけでInstagramアカウントを表示できる便利機能です。店舗からInstagramに送客し、フォローしてもらうために活用できるので、ぜひプリントアウトしてレジ横などに掲示しておきましょう。

Chapter 01
Chapter 02
Chapter 03
Chapter
04
Chapter 05
Chapter 06
Chapter 07

Instagramの機能をフル活用しよう

Chapter 01
Chapter 02
Chapter 03
Chapter **04**
Chapter 05
Chapter 06
Chapter 07

アプリ内で自分のQRコードを表示できる機能

https://about.fb.com/ja/news/2019/12/qrcode/

→ タグ付け投稿の表示設定をコントロール

　Instagramでは投稿するときに他のアカウントをタグ付けすることができますが、自分たちのブランドや商品以外について言及されてしまったときなど、世界観にそぐわない投稿のタグ付けを非表示にすることができます。設定から「プライバシー設定」「タグ」をタップし「タグ付けを手動で承認」を選択します。すると、タグ付けされた投稿を検閲して承認するかどうかを選ぶことができます。

位置情報を活用

→ 位置情報活用のメリットとつけ方

　投稿に位置情報を追加するメリットは大きく2点あります。1つ目は、位置情報タグから新規流入を得られることです。例えば「表参道」と位置情報を入れたら、表参道周辺の飲食店や流行りのお店を探す利用者の目に止まり、アカウントに来訪してくれる可能性が高まります。そして2つ目は、タイムラインから投稿を閲覧した利用者に対して、どの位置で商品購入やサービス体験ができるか伝えられます。私の場合、少しでも気になったお店はあまりよく調べずにフォローしておく癖があります。ただお店の詳細な位置までは覚えていませんが、ふとタイムラインに投稿が流れてきて「今週末、このお店に行ってみたい！」という気持ちになったときに投稿に位置情報があると、ますます行きたい気持ちが駆り立てられます。

　位置情報はフィードとストーリーズで知らせることができます。それぞれの位置情報のつけ方をご紹介しますね。フィードは投稿作成画面で「場所を追加」をタップし、上位に表示された中から位置を選択するか、その位置から離れてしまった場合はキーワードを入力して検索できます。

　ストーリーズは投稿作成画面スタンプトレイの中から場所スタンプを選び、フィード同様に上位から選ぶか、キーワード検索して該当する位置情報を選択します。

フィードもストーリーズも投稿作成画面から位置情報を追加できる

Section 03

Chapter 01
Chapter 02
Chapter 03
Chapter 04
Chapter 05
Chapter 06
Chapter 07

Instagramの機能をフル活用しよう

129

Chapter 01
Chapter 02
Chapter 03
Chapter 04
Chapter 05
Chapter 06
Chapter 07

Instagramの機能をフル活用しよう

➡ 位置情報の登録方法

　新店舗オープンのためにまだ位置情報の登録がない場合や、検索しても希望の位置情報が出てこない場合は、ご自身で登録する必要があります。しかしややこしいことに、Instagramからは登録できません。Facebookのチェックイン機能を利用する必要があります。

　手順としては、Facebookアプリを開いて投稿を作成する画面に遷移します。画面下部の「チェックイン」をタップします。一番下にある「新しいスポットを追加」を選択します。カスタムスポットを作成というページに遷移するので、スポット名に店舗名を入れたら住所も入力しましょう。そして公開設定でFacebook投稿をしてみてください。Facebookのチェックイン登録からInstagramの位置情報候補に表示されるまでにタイムラグがあるので、もし表示されない場合は少し時間を置いてからもう一度試してみてください。

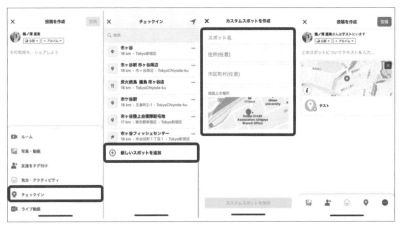

位置情報の登録方法

➡ 若者の独特な使い方

　架空の場所に位置情報のピンを立て、同じ趣味嗜好を持つ利用者が集まるバーチャルコミュニティ空間としての使われ方もあります。「夢が叶う場所」という位置情報で東京ディズニーリゾートが登録されていたり、喫茶

店カテゴリで「HomeCafe」という位置情報が登録されたりしています。また、新型コロナウイルス感染拡大時に流行した位置情報タグは「StayHome」です。この位置情報タグでは、自宅の過ごし方のインスピレーションを得られます。

　大人からしてみると、なぜハッシュタグではなくてわざわざ位置情報タグを使って繋がるの？　と疑問に思うことでしょう。若者同士で繋がりたい彼ら彼女たちにとって、ハッシュタグは今や大人も投稿するコミュニケーションの場となりました。しかし、架空の位置情報タグはほぼ若者しかいません。同世代の人と繋がるために、そして自分の感情を表現するために架空の位置情報タグが利用されているのです。

　高校生から大学生くらいの若年層をターゲットに持つブランドは、このように若者の使い方を真似してみてはいかがでしょうか。ネタ系の架空の位置情報もあれば、グルメ系、アオハル（青春）系などさまざまな架空の位置情報タグが流行しています。たとえば「美味しい時間」「お腹の脂肪、撃退プロジェクト」「頑張れ受験生」「女子高生の日常会話」などユニークなバーチャル空間の位置情報タグが使われています。冒頭でご紹介した店舗の位置情報タグはもちろん、ブランドについて会話できるバーチャルコミュニティ空間の位置情報タグも作ってみてくださいね。

Chapter 01
Chapter 02
Chapter 03
Chapter 04
Chapter 05
Chapter 06
Chapter 07

Instagramの機能をフル活用しよう

Chapter 01
Chapter 02
Chapter 03
Chapter 04
Chapter 05
Chapter 06
Chapter 07

Instagramの機能をフル活用しよう

Section 04 ダイレクトメッセージの効率化

→ ダイレクトメッセージを活用するメリット

　Instagram Direct（DM）では、1人以上のユーザーにメッセージを送信できます。送信できるものはメッセージ文章以外にも、カメラロールの写真やフィード投稿も共有できます。さらに最大8人でビデオチャットできたり、2人以上のグループスレッドも作れます。このようにダイレクトメッセージだけでも機能が豊富なところが特徴です。また相互フォローはしていなくても、ビデオチャットやグループスレッド作成は可能です。

　Instagramショップの運営者がダイレクトメッセージを活用する最大のメリットは、顧客と直接コミュニケーションできることです。お客様が求める情報を提供し、1:1コミュニケーションを通してロイヤリティ化に繋げられます。丁寧なコミュニケーションを心がけてファンを増やしていきましょう。Instagramショップの運営を通して多くの顧客と繋がっている企業の中には、Instagramのダイレクトメッセージ専任の問い合わせ担当者を配属しているケースもあるくらい、ダイレクトメッセージにおけるコミュニケーションは重要です。

→ 返信テンプレートを活用しよう

　ビジネスアカウントは定型文を登録して瞬時に返信することが可能です。よくあるお問い合わせの回答や、御礼のメッセージを数種類用意して登録しておくと便利です。たとえば、人気の商品の入荷時期について多数問い合わせを頂いていたら、ひとつひとつ回答するよりも、定型文を登録した上で文面をアレンジして返信していくほうが効率的です。

　設定方法は右上のメニューボタンから「設定＞ビジネス＞返信テンプレート＞右上の＋ボタンタップ＞ショートカットとメッセージを入力＞保存」です。「ショートカット」は、メッセージの最初にこのショートカットの内

容が入力されたら返信メッセージが表示される仕組みになっています。そして「メッセージ」はショートカットで呼び出した文章を指します。利用者に返信する際にショートカットを入力してメッセージを呼び出すか、入力欄の右端にある「＋」ボタンをタップするとメッセージ一覧を表示できます。登録しておくと便利なテンプレートカテゴリを記載しておくので、時間があるときに登録してみてくださいね。

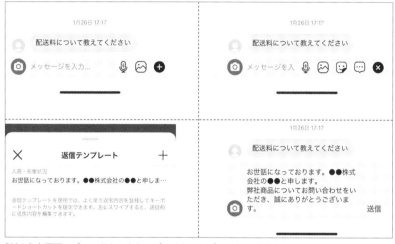

DMの入力画面で「＋」ボタンをタップするとテンプレートを呼び出せる

登録しておくと便利なテンプレート
入荷・在庫状況／商品の状態／商品のサイズ／海外発送／送料／配送日時／配送状況確認／注文確認／返品交換／支払い方法／商品感想へのお礼

　私がInstagramでアパレルショップを運営していたときにダイレクトメッセージでよくお問い合わせいただいていた内容は、購入検討者による商品の詳細に関するご質問や海外への発送可否でした。裏地はあるか、どのような生地か、このくらいの身長と体重だとどういう着こなしになりそうかなどです。こういった質問をするお客様は真剣に購入をご検討されているお客様ですから、ある程度は返信テンプレートに則りますが、お客様にご納得いただけるように文章をカスタマイズし、さらに写真を添付して送信していました。お客様と1:1でダイレクトメッセージをやりとりすること

はロイヤリティ化を高めるチャンスと捉え、信頼してもらえるコミュニケーションを心掛けましょう。そのため、ダイレクトメッセージは会話の最後がお客様で終わらないように、公式アカウントが返信またはダブルタップでハートをつけて会話を終えていました。

　Instagramのダイレクトメッセージにおける注意点として、たとえ1:1のコミュニケーションだったとしても、送信内容が拡散される可能性があるという意識を持つことが重要です。顧客がショップとのメッセージのやりとりをスクリーンショットしてSNSで拡散するというのはよくある話です。ショップの対応が悪いとネガティブな内容で拡散されることもあれば、誠意ある対応をしてもらったとポジティブな内容で拡散されることもあります。どんな返信も拡散されるリスクを念頭において文章を作成しましょう。

　またInstagramでショップを運営する特徴の一つとして、海外のお客様からのお問い合わせもよくあります。TwitterやFacebookはテキスト重視のコミュニケーションですが、Instagramはビジュアル重視のコミュニケーションのため、写真や動画の世界観で興味を持ってくださるお客様が多いのです。海外のお客様からいただくダイレクトメッセージの多くは海外発送（Overseas Shipping）が可能かというお問い合わせです。これは運営するショップの方針に従って対応してください。ちなみにEコマースプラットフォームのShopify、BASE、STORESはいずれもPayPal（ペイパル）決済可能で海外発送もできます。

　あとは商品をお受け取りになったお客様からご感想やご意見をいただくこともよくありました。お客様と心理的に近い距離でコミュニケーションしやすいInstagramだからこそ、フランクに本音のご感想とご意見をいただきやすいです。ご返信の際、貴重なご意見をくださったことへの感謝、ご意見に対しての言及、ショップのこだわりやポイント、お礼の4点は盛り込みましょう。

→ よくある質問を設定しよう

　ビジネスアカウントは「よくある質問」を事前に設定しておくと、利用者がダイレクトメッセージをはじめるときにチャットの冒頭で「よくある質問」を最大4件表示できます。しかし回答も同時に表示できるわけでは

ありません。手動で返信する必要があります。「よくある質問」機能は、あくまで利用者がショップのダイレクトメッセージ画面を開いたときに表示される4つの選択肢ボタンです。いわば、お問い合わせの件名を4つの選択肢ボタンから選んでもらうようなものです。たとえば「配送料について」「営業日について」「商品詳細について」「返品交換について」と設定した場合、メッセージ画面でこの4つの選択肢が羅列されます。ということは、設定することでライトなお問い合わせが増えてしまう可能性があります。本来の使い方ではありませんが、コミュニケーション強化を目的に感想を誘導することもできます。「商品の感想を伝えたい」「改善要望を出したい」「リクエストしたい」という選択肢にすれば、前向きなメッセージが集まるようになります。

　設定方法は右上のメニューボタンから「設定>ビジネス>よくある質問>設定>質問を入力>保存」です。

「よくある質問」が設定されているアカウント宛にDMを送ろうとすると自動的に指定の文言が表示される

→ デスクトップコンピューターから連絡しよう

　以前まではダイレクトメッセージの閲覧と送信機能はスマートフォンのみでしたが、デスクトップコンピューターでも閲覧・送信できるようになり、さらにFacebook Messangerと統合されたことで、利便性が向上しました。これにより、コンピューター上で顧客管理システムと照合しながらダイレクトメッセージでカスタマーサポートすることが可能です。

Chapter

01

Chapter

02

Chapter

03

Chapter

04

Chapter

05

Chapter

06

Chapter

07

Instagramの機能をフル活用しよう

コメント機能の使い方

→ コメントでさまざまな利用者と繋がろう

　Instagramショップを作ったら、ぜひ仲良くなりたいと思う他のショップや、ショップの雰囲気と近しい利用者の投稿にお邪魔してコメントしてみてください。自分から発信しないことには交流の輪は広がりません。一方で気をつけたいのは、同じようなコメントを無差別に色々なアカウントで残すやり方です。「よかったら私のアカウントも見にきてください！」というような一方的なメッセージでは、なかなか上手くいかないことでしょう。しかも、他のアカウントにも同じ内容のコメントをしているところを見つけてしまうと、げんなりしてしまうのではないでしょうか。一人ひとりに異なるコメントで、想いが伝わるコメントを心掛けてみてくださいね。多くのアカウントでコメントを残すこと自体は問題ありませんが、心からお近付きになりたい利用者にだけアプローチしたほうがきっと上手くいきますよ。

→ 絵文字でライトなコミュニケーション

　フィード投稿に多くのコメントが寄せられてすべてのコメントに返信が難しい場合は、コメントに対してハートのダブルタップだけでも行うようにしましょう。ハート以外にも、クイック絵文字リアクション機能によって、絵文字を選ぶことも可能です。相手のアカウントと自分たちのアカウントの結びつきを強くし、投稿が表示されやすくなるメリットがあります。

Chapter 01
Chapter 02
Chapter 03
Chapter 04
Chapter 05
Chapter 06
Chapter 07

フィード投稿のコメント
入力画面で自動的に絵文
字が表示される

→ コメントオフする方法

　基本的にはコメントはオンで利用者とコミュニケーションすることを推奨します。しかし会社の方針や、特定の投稿にコメントをつけたくないときのためにオフにする方法をご紹介します。

　デフォルトでコメント機能をオフにする方法と、投稿時にコメントオフにする方法の2種類があります。会社の方針として利用者とのコミュニケーションが難しく、フィード全投稿のコメントを受け付けられない場合はデフォルトでオフにしましょう。「設定>プライバシー設定>コメント」でコメントコントロールの設定が可能です。

　特定のフィード投稿のみ、何らかの理由でコメントをオフにしたい場合は投稿をシェアする直前に最下部の「詳細設定」から該当投稿のコメントをオフ設定に変更できます。もしくは投稿後でも投稿の右上のメニューボタンからコメントをオフにできます。コメントがついたあとにコメントオフ設定したとしても、再度コメントをオンにすることもできます。その場合は、過去についたコメントも同様に表示されます。過去のコメントが消えるわけではありません。

→ ネガティブなコメントの対処法

　悪意ある利用者からコメントが寄せられたときに、削除してしまう人がいますがおすすめできません。逆上してさらに過激化するおそれがあるた

Chapter

01

Chapter

02

Chapter

03

Chapter

04

Chapter

05

Chapter

06

Chapter

07

めです。悪意を持っている人はコメントしてからしばらくして、またアカウントを確認します。そんなときにコメントが削除されていたら余計に悪化しかねません。さらにアンチコメントをしてくる可能性もあります。そんなときにおすすめな対処法はアンチコメントをした人にだけコメントが表示されたまま、他の利用者からは該当のアンチコメントを非表示にすることができます。アンチコメントから一部のワードを抽出し、NGワードとして指定するという方法です。設定からプライバシー設定をタップし、テキストボックスにアンチコメントのフレーズの一部を入力するだけで設定完了です。

設定のコメントコントロールからミュートしたいキーワードを設定できる

　尚、自殺や自傷行為に関するコメントを見つけた場合は速やかに通報してください。いじめや嫌がらせ、虚偽のコメントについては右上のメニューボタンから「報告する」を選択すると該当の投稿はスパム、または不適切であることをInstagramに報告できます。不適切にあたる内容としては「ヌードまたは性的行為」「ヘイトスピーチまたは差別的なシンボル」「暴力または危険な団体」「違法または規制対象商品の販売」「いじめまたは嫌がらせ」が該当します。または設定からヘルプをタップして「問題を報告」から内容を入力できます。

⬆️	🔗	🔳
シェア	リンク	報告する

投稿のお知らせをオンにする

ミュート

フォローをやめる

報告

この投稿を報告する理由

知的財産権の侵害に関するものを除いては、報告はすべて匿名です。身に迫った危険に直面する人がいる場合は、今すぐ地域の警察または消防機関に緊急通報してください。

スパムである 〉

ヌードまたは性的行為 〉

ヘイトスピーチまたは差別的なシンボル 〉

暴力または危険な団体 〉

違法または規制対象商品の販売 〉

いじめまたは嫌がらせ 〉

知的財産権の侵害 〉

自殺・自傷行為・摂食障害 〉

不適切な投稿を見つけたら投稿の「…」ボタンから通報する

Chapter 01
Chapter 02
Chapter 03
Chapter 04
Chapter 05
Chapter 06
Chapter 07

Instagramの機能をフル活用しよう

Chapter 01
Chapter 02
Chapter 03
Chapter **04**
Chapter 05
Chapter 06
Chapter 07

Instagramの機能をフル活用しよう

Section ▶ 06 外部メディア連携

→ フィードと他メディアの同時投稿

　フィード投稿はFacebook、Twitter、Tumblr、Ameba、ミクシィで同時投稿できます。やり方は簡単です。フィード投稿するときに同時投稿したいメディアを選択して、該当メディアのアカウントでログインし、紐づけるだけです。

フィード投稿をシェアする前に、Facebook、Twitter、Tumblr、Ameba、ミクシィで同時投稿の設定ができる

　Twitterとの連携はあまり効果がありません。というのも、同時投稿するとTwitterには画像が表示されないのです。投稿文とフィード投稿のURLが表示されるのみです。画像を表示させる外部サービスを導入するか、同時投稿せずに手作業で画像を添付して投稿するしかありません。Twitterも効果的に運用していくためには、画像のリサイズが必要です。

→ noteやブログにフィード投稿を埋め込む

　ブログ記事にInstagramのフィード投稿を埋め込み、引用のような形で

写真と投稿文を表示できます。ブログ記事内でフォローを促したり、投稿を引用したりしたいときに役立ちます。非公開アカウントの投稿や、公開前の投稿、アーカイブした投稿はエラーが表示されるのでご注意ください。

　埋め込む方法としては、まずデスクトップコンピューターからフィード投稿を開きます。フィード投稿を開くとURLが「https://www.instagram.com/ユーザーネーム/」から「https://www.instagram.com/p/ローマ字の羅列/」に変わります。noteのテキスト記事の場合はこのURLを埋め込むだけで該当のフィード投稿を記事に引用できます。しかし他のプラットフォームでタグ入力が必要な場合は、投稿の右上のメニューバーから「埋め込み>埋め込みコードをコピー」します。コピーしたタグを記事の引用したい部分に貼り付ければ完了です。またコードをコピーする際、投稿文を入れるか入れないかも選べます。デフォルトで投稿文を入れる設定になっているので、投稿文を引用したくない場合は「キャプションを追加」のチェックを外してください。

❶投稿から「埋め込み」ボタンをタップ

❷埋め込みコードをコピーする際、キャプション（投稿文）を追加するか選べる

Chapter 01
Chapter 02
Chapter 03
Chapter 04
Chapter 05
Chapter 06
Chapter 07

Instagramの機能をフル活用しよう

→ 公式サイトにInstagramのロゴを使ってリンクを貼る

　Instagramのアイコンをダウンロードできる公式のブランド素材サイトがあります。残念ながら日本語対応していませんが、ガイドラインはシンプルな内容です。ご一読ください。

Instagram Brand Resources（Instagramブランド素材の利用に関するガイドライン）
https://en.instagram-brand.com/

ポスターやチラシなどでInstagramのロゴやアプリのアイコンを活用するときに利用

Assetsからアイコンをダウンロード可能

効果的な集客方法
（コミュニケーション編）

Chapter
01
Chapter
02
Chapter
03
Chapter
04
Chapter
05
Chapter
06
Chapter
07

効果的な集客方法（コミュニケーション編）

Section 01 コミュニティファーストという考え方

→ Instagramが大切にしている考え方

　具体的な集客方法をお伝えする前に、Instagramの方針について理解を深めておきましょう。方針を理解すると、これからご説明する集客方法は効果的であるということが腑に落ちると思います。これからもInstagramはさまざまなアップデートが行われますが、Instagramの大切にしている指針を把握しておけば、そう戸惑うことはないはずです。

　Instagramのミッションは「大切な人や大好きなことと、あなたを近づける」です。このミッションに基づいて日々アップデートが行われています。Instagramは友人や家族などの利用者同士だけでなく、趣味などの関心ごとに関する情報やビジネスと利用者を繋げています。

　2020年6月のFacebook Japanの事業戦略説明会では、コミュニティをサポートすることで人々のつながりを作り、ビジネスを成長させると発表されました。ここからわかる通り、Instagramでは一方的な発信ではなく、利用者との深いつながりを持つことが活用の醍醐味といえるでしょう。そのためには自動でフォローとフォロー解除したり、いいねしたりするようなアプリは使わずに、こつこつと関係値を築き上げていくことが大切です。

→ 売上増加に繋げるコツ

　さて、利用者と深いつながりを持つにはどうしたらいいでしょうか。ただ商品タグがついた投稿をするだけでは、強烈にその商品を購入したいという気持ちは芽生えないかもしれません。プロフィール、ショッピング、フィード、ストーリーズ、LIVE、Reels、IGTV、Guide（まとめ）など、あらゆるタッチポイントを活用してブランドを多面的に伝えるストーリー設計を行うことで、認知拡大から購入を促せます。

　飲食店であれば、たとえばフィードでメニューの発信をしながら、スト

ーリーズでは仕込みの様子や営業中の様子をリアルタイムに発信、LIVEで新メニューのリクエスト募集や、おうちでも作れるお料理レシピの実演配信など多面的にお店の魅力を発信できます。

大分県別府市にあるレコードとフルーツサワーが楽しめるお店「the HELL」では、フィード投稿でメニューを紹介し、ストーリーズでは店舗が作られていく様子やイベント情報をリアルタイムに発信している

　売上アップのコツは、Instagramで発信を絶やさず、購買行動の「きっかけ」を生み続けることです。きっかけを生み続けるには、SNSに投稿したくなる商品・サービス作りや、公式アカウント運用によるファンとのコミュニケーション強化が挙げられます。ところで、思わずSNSでシェアしたくなる商品やサービスとは、どんなものがあるでしょうか。ご自身が過去にSNSでシェアした商品やサービスを思い浮かべてみてください。それは人におすすめしたくなる良質な商品だったり、素敵な体験だったりしたのではないでしょうか。もしくは、私はこういうものが好きなんです、同じ趣味嗜好を持つ人と繋がりたいですという意思表明なのかもしれません。そしてInstagramはビジュアルファーストのプラットフォームだからこそ、おしゃれな空間やトレンドを取り入れたものは積極的に投稿したくなる人も多いでしょう。自分たちの顧客像を思い描きながら、どうしたらSNSに

Chapter
01

Chapter
02

Chapter
03

Chapter
04

Chapter
05

Chapter
06

Chapter
07

投稿したくなるか、すなわちInstagramを通して人にシェアしたくなるブランド体験を提供できるか逆算して考えてみてください。

　さらに購買行動のきっかけづくりにおいて、大切なことの一つに「公式アカウント運用によるファンとのコミュニケーション強化」を挙げました。まずはInstagramのアルゴリズムを理解することからはじめましょう。どうすれば公式アカウントに来訪してもらえるのか、そしてフォロワーとの距離をどう縮めていくかを考えていきます。集客から理解促進、そして売上増加に繋げていくためにも、ここからはInstagramのアルゴリズムについて紐解いていきます。

→ Instagramのアルゴリズムを理解しよう

　Instagramのアルゴリズムは「大切な人や大好きなこととあなたを近づける」というミッションに基づいて作られています。ということは、利用者にとって興味のある投稿が表示される仕組みになっています。そのため、フィードやストーリーズ、発見タブに表示される投稿内容や順番は誰一人として同じ人はいません。一人ひとりにパーソナライズされていることが、Instagramのアルゴリズムの最大の特徴だといえます。

アルゴリズムに使われてるシグナル

INTEREST
そのコンテンツへの
関心度の高さ

 ×

RELATIONSHIP
そのアカウントとの
繋がり度の高さ

より多く、長い時間楽しんでもらえるコンテンツ
を戦略的に配信していく

出典：https://logmi.jp/business/articles/322327

図に記載されている「シグナル」とは、Instagram上の利用者の行動を指します。500種類以上のシグナルを加味して順番が決まります。500種類のシグナルのほとんどは謎に包まれていますが、代表的な3つのシグナルはFacebook社が対外的に解説しています。1つ目は「INTEREST」です。ターゲット層の関心にあったコンテンツであるかを指します。利用者一人ひとりがそのコンテンツにどれくらい興味がありそうかを、利用者の過去のいいねやコメントなどから傾向をスコア化しているそうです。2つ目は「RELATIONSHIP」です。アカウントと利用者がどれくらい親密であるか、すなわち繋がりの深さです。たとえば利用者が該当アカウントのプロフィールにアクセスしているか、投稿コンテンツにいいねやコメントなどのアクションをしているか、ダイレクトメッセージでやりとりしているかなどが挙げられます。3つ目は「TIMELINESS」です。最近の投稿であるかが考慮されます。

　アルゴリズムは変更されやすいため、注意が必要です。ただし、頻繁に投稿しながら投稿インサイトを振り返ると、ご自身の肌感でアルゴリズムの変化を感じやすくなります。「もしかして新機能が登場したから、新機能のほうが優先的に表示されているのかな？」だったり、「静止画より動画のほうが見られやすくなっている？　利用者が動画を好みはじめている？」など、考察が膨らみます。

　フィードはこの3つのシグナルが関係していますが、ストーリーズは「INTEREST」と「RELATIONSHIP」が関係しています。これらのシグナルが優位であればあるほど、フィードならばタイムラインの上に表示されますし、ストーリーズでは左に表示されるようになります。よりフォロワーの注目を集めることができるので、アルゴリズムで優位になれるよう運用を心掛けていきましょう。アルゴリズムを理解し、利用者により多く長く楽しんでもらえるコンテンツを開発することが重要です。より多く、長くを実現するには、Instagramのコンテンツ開発において、エンゲージメントの質を高めながら、量を増やし続ける考え方を根本に持っておくとよいでしょう。次のセクションから詳しく解説していきます。

効果的な集客方法（コミュニケーション編）

フォロワーとの距離を近づけよう

→ エンゲージメントとは

Instagramマーケティングにおいて、エンゲージメントとはいいね数やコメント数、保存数などの利用者の反応数を指します。Instagramのコンテンツインサイトでは、インタラクションという項目で数値を確認できます。利用者からの反応数が多ければ多いほど、エンゲージメントが高い人気のアカウントということになります。このように興味関心の度合いが高いほど、深いつながりを持っているといえるのです。

投稿でのインタラクション（いいね！、コメント、保存数、シェア数）が確認できます

エンゲージメントを生み出すには、表面的な数字だけにとらわれてはいけません。反応した人の気持ちを読み取る必要があります。たとえば分析

148

中のフィード投稿のいいね数が他投稿として比較してやや多かったとしましょう。

　いいねを押した人の気持ちをひも解くと「私もそう感じる」と共感の意味をこめたいいねや、「あなたの投稿見たよ」のいいね、「感動した」のいいねなど、さまざまな感情が込められています。一方で、実態のないbotのようなアカウントからいいねされることもあるでしょう。これは質の低いエンゲージメントと認識し、むやみやたらに質の低いエンゲージメントを増やすようなことはせず（たとえば怪しいアプリでフォロワーを購入するなど）、本来の目的に合わせて質の高いエンゲージメントを増やしていく方向性で運用をしていきましょう。そのためにも、該当投稿の目的と狙いは何だったか、伝えたい相手から思い通りの反応を得られたか、それとも予想が外れたかなど、多角的に分析してみることが大切です。

→ エンゲージメントの質と量の向上

　いいねやコメント、シェアなど、ユーザーによるポジティブなアクションを少しずつ段階的に増やしていきましょう。質を高めるにあたって、ユーザーがアクションする心理的ハードルを考えてみてください。いいねするよりも、コメントするほうが時間がかかります。そしてコメントするよりも、シェアをしてさらにシェアする内容に言及するほうが時間がかかるかもしれません。1回のいいねも、1回のコメントも、1回のシェアも、数字上ではたった1回です。しかし、ユーザーがアクションしたときの心理を考えてみると、アクションの重みが異なります。

　エンゲージメントの質は、PDCA運用を行うことで徐々に高めていくことができます。運用方針に沿って仮説を立てて投稿し、実際の反応をみてトライ＆エラーを繰り返していきます。たとえば「#ネイル」で検索したら、貝殻モチーフの夏らしいネイルデザインが流行していたのでトレンドに便乗して投稿したとしましょう。しかし、まったく反応がありません。リーチ数もエンゲージメント数も伸びていないとしたら、要因は流入を狙えるハッシュタグがなかったことや、ネイルのトレンドカラーを使用しておらず、スルーされてしまったことなど、様々な要因が挙げられます。

　仮説に対して実験し、要因がわかったらあとは改善していくのみです。流

入を狙ったハッシュタグをつけて、トレンドカラーのネイルを再投稿してみましょう。そこからさらに要因を深掘りしていくことで、徐々にエンゲージメントが高くなっていくはずです。

　いいねを増やすには、その投稿でどんな気持ちでいいねしてもらうかを逆算してコンテンツを作ります。コメントを増やすには、クイズやアンケートを出してみたり、意見を聞いてみたりする手段も有効です。そして返信やハートのリアクションを行い、このアカウントは話しかけたら返事をしてもらえるというアピールをするのも大切です。人はコメントが0件だと、なかなかコメントしづらいものです。コメントを募集したり、返信したりと、気軽にコメントしやすい空気づくりを心掛けましょう。シェアを増やすには、シェアしてもらった投稿を日頃から再シェアすることで「このアカウントはシェアしたらきっと喜んでくれる」とアピールしましょう。

　そこまでストレートに反応してほしいことをアピールするなんて、露骨すぎないかと心配する必要はありません。何故かというとInstagramを見ている利用者は多くの情報を受発信しているため、回りくどい発信は伝わらない可能性が高いからです。そのため、ストレートすぎる伝え方くらいがちょうどいいです。なるべくシンプルに伝わるように発信することを心掛けましょう。

→ UGCを活用しよう

　UGCとはUser Generated Contentsの略称で、ユーザー生成コンテンツを指します。余談ですが、IGCと呼ばれるコンテンツもあります。こちらはInfluencer Generated Contentsの略称で、SNSで影響力をもつインフルエンサーが生成するコンテンツを指します。誤解を招かぬように説明したいのは、UGCやIGCは企業やブランドに対する言及、クチコミを指しているものだけではありません。文字通り、ユーザーやインフルエンサーが生成したコンテンツのことを指します。

　たとえば私が雑誌社に勤めていて、東京のカフェを紹介するInstagram運用担当者になり、クリームソーダ特集をやりたいとします。その場合に、クリームソーダの写真をハッシュタグ投稿から探してユーザーに許諾をとることもあります。ユーザーは企業やブランドに対する言及はしていませ

ん。ただ、このようにナチュラルなUGCを企業担当者が活用することはあります。

　そしてなぜ、許諾をとってまで企業はUGCを活用するのでしょうか。それは、UGCは信頼性が高く、質も上がり、量も増え続けるからです。ユーザーの投稿、すなわちクチコミは信頼性が高く、モバイル端末の劇的な進化によって写真や動画の質も上がり、SNSに投稿される量も増え続けています。テーマパークで例えると、公式アカウントが発信するInstagramコンテンツは月に12投稿だとします。しかし、UGCは1日に何百投稿もされることでしょう。ということは圧倒的な量をユーザーが生成しているため、企業1社が発信する情報量は、ユーザーが発信する情報量に勝てないのです。さらに企業のオフィシャルの発信よりも、ユーザーのコンテンツのほうが自然で信頼されやすい傾向があります。そのため企業はユーザーに許諾をとってまでUGCを活用しているという背景があります。

　さらにUGC活用のメリットは他にもあります。顧客のファン化と制作工数の削減が挙げられます。コアなファンほど公式に紹介されたら嬉しいと感じる人が多いですし、もっと積極的に投稿しようというモチベーションアップに繋がります。そしてUGCを活用して公式で発信できるということは、クリエイティブ制作の工数も削減できます。

　公式アカウントを運用していく上で、ユーザーの投稿はぜひ紹介していきましょう。しかし、注意も必要です。公式で紹介されて嬉しい人もいれば、そうでない人も一定数存在します。たとえ自社ブランドに関する投稿をしてくださっていても、後々問題にならないように画像の使用許諾はかならず行いましょう。無断転載は絶対にダメです。

　素敵な写真を投稿してくださっているユーザーを見つけたら、次ページのようなダイレクトメッセージを送ってみてください。快く承諾をもらえる場合もあれば、何らかの理由で断れる可能性があります。両パターンの返信例も添えておきます。

Chapter 01
Chapter 02
Chapter 03
Chapter 04
Chapter 05
Chapter 06
Chapter 07

効果的な集客方法（コミュニケーション編）

Chapter 01
Chapter 02
Chapter 03
Chapter 04
Chapter 05
Chapter 06
Chapter 07

許諾DM文面例

●●（InstagramID）様
突然のご連絡失礼いたします。●●（ブランド名）公式Instagram担当です。

この度はInstagramに素敵なお写真をご投稿いただき、誠にありがとうございます。
もしよろしければ、公式Instagramにてお写真とアカウント名をご紹介しても構いませんでしょうか。

また、WEBサイトや店舗で掲出する媒体、広告などでもご紹介する可能性がございます。

掲載の可否につきまして、●月●日（●）● ● : ● ●までにDMにてご返信をいただけますと幸いです。
ご検討のほど何卒よろしくお願いいたします。

＜お写真の掲載例＞
公式Instagram ／公式サイト／店舗物件／リーフレット／広告など

＜ご留意事項＞
本DMに記載されている内容について外部の方への公開はお控えください。

投稿OKの返信があった場合のDM文面例

●●（InstagramID）様
●●（ブランド名）公式Instagram担当です。
お写真掲載につきまして快くご承諾いただき、誠にありがとうございます。
●月～ ●月に投稿する予定でございます。
今後とも「●●（ブランド名）」を何卒よろしくお願いいたします。

投稿NGの返信があった場合

●●（InstagramID）様
●●（ブランド名）公式Instagram担当です。
ご返信ありがとうございます。
ご多忙の中、お手数をおかけし申し訳ございませんでした。
今後とも「●●（ブランド名）」を何卒よろしくお願いいたします。

昨今、消費者の購買プロセスが複雑化し、SNSが重要視される時代へ突入しています。SNSのクチコミがきっかけで知り、クチコミを検索し、そこから公式サイトで詳しい情報を見て購入なんてことも珍しくありません。またInstagramはしっかり情報を集約すればミニサイトのような役割で運営もできるので、公式サイトがなくてもInstagram完結型で認知から購入、購入後の顧客ロイヤリティ化向上までできます。InstagramにおけるUGC活用は売上増加貢献に役立つので、ぜひ試してみてくださいね。具体的には、公式アカウントでの紹介以外にも、広告のクリエイティブとして活用、公式サイトやオンラインストアページに掲載、リーフレットやデジタルサイネージで紹介など活用方法は様々です。

→ UGCの増やし方

ユーザーのクチコミは何もしなくても勝手に増えていくのが理想ではありますが、最初から自走して増えていくことはなかなかありません。ハッシュタグで検索しても1日に数件しか投稿がない場合は、ある程度のルール整備とUGCが集まる仕組みづくりにチャレンジしてみてはいかがでしょうか。

ルール整備とは、オフィシャルハッシュタグを浸透させること、そしてどんなクチコミを投稿してほしいかという理想を掲げることです。よくある失敗として、ユーザーが投稿するハッシュタグの表記ゆれが挙げられます。同じ店名であるにも関わらずカタカナの「#フラワーショップAAA」というハッシュタグで投稿されていることもあれば、すべてアルファベットで「#flowershopaaa」というように表記されることもあり、これでは投稿が分散してしまいます。グローバルな展開を目指すのであれば国内は日本語ハッシュタグ、海外では英語ハッシュタグを使ってもらうという併用もなしではありません。狙ってオフィシャルハッシュタグを併用するのであれば特段問題ありませんが、狙わずにハッシュタグが分散してしまっている状態なら、いち早くオフィシャルハッシュタグを決めて告知していきましょう。公式アカウントのプロフィール、ストーリーズでの告知、店舗での告知、ショップカードに記載などと様々な接点で伝えて刷り込んでいきます。

　またオフィシャルハッシュタグにおいて、間違えやすい英単語や長すぎるハッシュタグも注意が必要です。4〜8字で瞬時に覚えられるハッシュタグがおすすめです。よい例としては、「＃タビジョ（HIS公式ハッシュタグ）」や「#しまパト（しまむら公式ハッシュタグ）」が挙げられます。しまむらで掘り出し物を求めて日々お買い物（＝パトロール）をすることを略してしまパトと呼んでいます。あまり凝りすぎずに一般的に意味が通じるハッシュタグ且つ、オフィシャルハッシュタグをつけて投稿する人たちが、自分たちが投稿するときにぴったりだと感じてもらえるハッシュタグを用意しましょう。

　オフィシャルハッシュタグを作ったとしても、そう簡単に投稿は増えていきません。もちろん商品力や空間の魅力も必要ですが、公式からどんなクチコミを投稿してほしいかという理想を掲げることが効果的な場合もあります。フィードやストーリーズで公式がシェアするユーザーの写真はこういうものですと明確に提示してもいいですし、ハッシュタグをつけて投稿してくれたら店舗でミニギフトをプレゼントというようにユーザーメリットを提示してもいいかもしれません。

　このようにオフィシャルハッシュタグを浸透させたり、どんなクチコミを求めているかを提示しながら、ユーザーがハッシュタグをつけて投稿しやすい空気を作っていきます。そうこうしているうちに少しずつUGCが増えていきますが、爆発的に一気に増えるなんてことはなかなかありません。前月比で1.2倍、1.4倍……と徐々に増加し、次第に自走化して集まってくるようになります。勝手には増えていくことはなかなかないため、育てるという意識を持ちながら取り組んでいきましょう。

Chapter 01
Chapter 02
Chapter 03
Chapter 04
Chapter 05
Chapter 06
Chapter 07

Section ▶ 03 フォロワーの増やし方

→ フォローキャンペーン

　フォローキャンペーンとは、利用者が特定のInstagramアカウントのフォローを参加条件としたプロモーション施策のことです。これまで様々な企業が認知拡大やファンを増やすためにInstagramでフォローやいいねなどの利用者のアクションを参加条件としたキャンペーンを実施してきました。しかし、2020年夏ごろInstagramガイドラインの更新があり、景品の提供があるフォローキャンペーンは禁止されました。

有意義で心のこもったやり取りを大切にしてください。
「いいね！」、フォロー、シェアを人為的に集めたり、同じコメントやコンテンツを繰り返し投稿したり、利用者の同意を得ずに商業目的で繰り返し連絡したりしないでください。スパムのない環境を維持しましょう。「いいね！」やフォロー、コメントを含むやり取りの見返りに、金銭や金券などのプレゼントを申し出たりしないでください。誤解を招く偽のユーザーレビューや評価の提供、勧誘、取引に関与したり、これらの行為を促進、奨励、助長、承認するようなコンテンツを投稿しないでください。

Instagramでは本名を使う必要はありません。ただし、正確で最新の利用者情報の提供をお願いしています。他人になりすましたり、Instagramのガイドラインに違反することや他の利用者を欺くことを目的にアカウントを作成したりしないでください。

出典：コミュニティガイドライン　https://help.instagram.com/477434105621119/

　フォローやいいねをしてくれたら見返りに金銭や金券などのプレゼントというようなキャンペーンを実施できなくなったということです。賞品あ

Chapter

01

Chapter

02

Chapter

03

Chapter

04

Chapter

05

Chapter

06

Chapter

07

効果的な集客方法（コミュニケーション編）

りきの関係性ではなく、利用者とビジネスの深いつながりを構築すること
に舵を切って方針を出しています。

➡ 新規ファンを増やすためにできること

それではどのようにフォロワーを増やすべきでしょうか。単発の施策で
一気に増やすとフォロワーが離脱するリスクが高まります。Instagramに
おいてはバズは狙わず、仲良くなりたい相手と両想いを目指すアカウント
をじっくり育てていく施策が適しているのではないかと思います。

まずアカウントの世界観を作り込んで発信し、最初は認知拡大から取り
組んでいきます。自分たちのアカウントをまず見にきてもらわないことに
ははじまりません。手法はさまざまです。素敵だなと思う人にいいねやコ
メントで交流したり、広告配信したり、ハッシュタグ流入を狙ったトレン
ド投稿をしたり。ファンが少しずつ増えはじめたら双方向のコミュニケー
ションに意識を向けます。ファンとの交流を第一に行い、ファンが新たな
ファンを呼ぶサイクルを作り上げます。

ブランド拡大期には影響力のあるインフルエンサーを起用したり、コラ
ボ商品の開発をしたりするのもひとつの手です。

地道な増やし方としては、店舗でのフォロー呼びかけや、他オウンドメ
ディアからの集客です。

➡ 固定ファンを大切にしよう

深く濃いブランドコミュニティを形成するには、リピーターの存在が欠
かせません。伝播者としてブランドについて熱く語ってくれるファンが必
要不可欠です。ファン育成のイメージは、顔と名前が思い浮かぶファンを
増やしていくことです。ブランドについて数回言及してくれた人にはDM
を送って関係性を高めましょう。できれば対面でお会いしたいところです
が、状況やお住まいのエリアによっては叶わないかもしれません。そんな
時はInstagramのビデオチャットを使ってブランドについてどんなイメー
ジを持っているか尋ねたり、要望を聞いたりしましょう。1：1のコミュニ
ケーションを行うことで特別感が醸成されます。

ハッシュタグ設計

→ ハッシュタグの重要性

　国内で使われているハッシュタグの中でも、とくに投稿数が多いハッシュタグといえば「#写真好きな人と繋がりたい」や「#お洒落さんと繋がりたい」が挙げられます。ハッシュタグは「こういう趣味嗜好を持っています」という一種のアピールポイントになります。合計30個つけられるため、バランスをみながら戦略的に設計する必要があります。

　ハッシュタグは主に3種類に分類できます。1つ目は自分たちのブランドを表す「オリジナルハッシュタグ」です。そして2つ目は自己アピールするための「ブランディングハッシュタグ」です。最後に「流入ハッシュタグ」は、新規層に向けてリーチを狙うためのハッシュタグです。この3種類をバランスよく構成して投稿することをおすすめします。

→ オリジナルハッシュタグの設計方法

　オリジナルハッシュタグは2個くらいが望ましいです。シンプルにブランド名をおすすめします。ファンが増えてきたら、ファンコミュニティ向けのハッシュタグも作りましょう。言い換えますとファンクラブ名です。ファンコミュニティのハッシュタグはファンにつけてもらいたいですね。ファン自身からハッシュタグ名の候補を募り、投票形式で決めると盛り上がります。

→ 戦略的にハッシュタグをつける

　最大30個のハッシュタグのうち、2個はオリジナルハッシュタグです。残りの28個はブランディングハッシュタグが2〜3個で残りは流入狙いのハッシュタグで組み合わせてみましょう。とくに数の決まりはありませんが、目

効果的な集客方法（コミュニケーション編）

安程度に捉えておいてください。

　ブランディングハッシュタグは、流入は狙えないほどのビッグワードでもつける価値があるハッシュタグを指します。たとえばTシャツの商品タグ付き投稿をするときのブランディングハッシュタグは「#Tシャツ」「#トップス」「#2021ss」です。投稿数が非常に多く、ハッシュタグからの流入は得づらいですが、ぱっと見でどんな投稿かわかります。

　流入ハッシュタグはビッグワードほど投稿数は多くなくとも、ターゲットが頻繁に閲覧していそうな検索需要の高いハッシュタグを指します。たとえば「#バックプリント」「#ロゴt」というように商品の特徴で狭めていきます。「#カジュアルコーデ」などの#●●コーデ系のハッシュタグは着回しを参考にする人が多く、検索需要が高いといえるでしょう。

　このように自分たちが取り扱うブランドにおいて、どんなキーワードが検索需要が高いかを念頭に起きながらInstagramを見ているとまた違った視点でインプットできます。

オリジナルハッシュタグ（ブランド名）、ブランディングハッシュタグ（ビッグワード）、流入狙いノハッシュタグ（Instagram上で検索需要が高いワード）で構成されています

→ 無料のハッシュタグ検索ツールを使おう

　実際にハッシュタグを30個つけようとしてみると、意外と思いつかない

Chapter 01
Chapter 02
Chapter 03
Chapter 04
Chapter 05
Chapter 06
Chapter 07

という壁にぶつかることがあると思います。そんなときは利用者がハッシュタグ投稿でつけている投稿のハッシュタグを一部真似してみると時短できます。ただ、もっと効率よくハッシュタグを見つけたいという人におすすめなウェブサイトがあります。「ハシュレコ」という無料のサイトでInstagramで投稿する時におすすめのハッシュタグを教えてくれます。「ハシュレコ」はPCとスマートフォンの両方に対応しています。

　例えば「ヘアサロン」と入力してみましょう。そうすると、瞬時におすすめのハッシュタグが一覧化されます。さらに便利なポイントとしては、使いたいハッシュタグだけを選択すると、右下に選んだハッシュタグ個数と「コピー」ボタンが表示されます。選び終わったらコピーを押してペーストするだけで簡単にハッシュタグを投稿文に追加できます。また、並んでいるハッシュタグの横に表示されているInstagramのアイコンをクリックすると、実際のハッシュタグ投稿を閲覧できますよ。このハッシュタグでいいのか？　と悩んだときに、ハッシュタグ投稿一覧を見て投稿が浮かないかチェックするといいでしょう。ぜひ使ってみてくださいね。

Instagramハッシュタグ検索ツール「ハシュレコ」
https://hashreco.ai-sta.com/
短時間で効率的にハッシュタグを見つけ出せる便利ツール

効果的な集客方法（コミュニケーション編）

Section 05 インフルエンサーとの コミュニケーション

→ インフルエンサーとのコラボレーション

　本書ではインフルエンサーをInstagram上で影響力が高い利用者と定義します。フォロワー数の多さに限らず、コミュニティ内でのインフルエンス力が高い利用者を指します。インフルエンサーの協力を得られると、インフルエンサー自身のファンにショップを広めたり、コラボレーションを通して双方のファンを楽しませたりと、Instagramショップを運営する上でメリットを感じられることでしょう。

　インフルエンサーは、その方の個性によってさまざまなタイプがいます。テレビや雑誌で活躍する芸能人もいれば、SNSを通して作品を発表し、根強い人気を誇るクリエイターもいます。ショップの顧客層とかけ離れたインフルエンサーとのコラボレーションは理解されづらく、思っていた反応が得られない可能性が高いです。ご自身が日頃憧れているインフルエンサーではなく、ショップと親和性が高いインフルエンサーを起用することが成功への鍵となります。

　インフルエンサーとのコラボレーションにおいて、皆様が気になるのはお支払する謝礼ではないでしょうか。正直なところ、人によるというのが答えです。数千〜数万フォロワー数でも、マネジメント事務所に所属していると同じフォロワー数の人よりも高額になることもあります。またインフルエンサーのフォロワー数に限らず、そのときのお仕事の状況や商材との相性、ご依頼内容などの工数によってもお支払額は変動します。インフルエンサーにご相談する際に、今回お支払可能な謝礼額と、参考までに通常は幾らくらいでお受けいただけるかを素直に聞いてみてもいいと思います。お支払可能な範囲内であればそのままご依頼できますし、もし予算オーバーであっても謝礼額の目安を知れるため、次のご依頼に繋げやすいです。どうしても頼みたいクリエイターがいて、それでも予算が足りない場合には、調整可能な範囲をご相談してみるのも手かと思います。納期、納

品数、発信方法など、どこかに調整できる余地はないか交渉してみてくだ
さいね。

→ インフルエンサーとの取り組み例

　さて、インフルエンサーとのコラボレーションにあたってどのような取り組みが考えられるでしょうか。もっともポピュラーな座組としては、商品をプレゼントして感想をインフルエンサーのアカウントでシェアしてもらう方法です。しかし、同じような依頼が殺到しているケースが多く、そのインフルエンサー自身が本当に愛用しているものって何だろうと思わざるを得ない瞬間もあります。1回きりの商品紹介だけでなく、ご依頼によっては数か月に数投稿という中長期的なお付き合いも可能です。その間にショップの魅力を熱心に伝えてファンになってもらうというのも作戦のひとつです。もしショップのファンの中にインフルエンサーがいる場合は、商品の共同開発を打診してみてもいいでしょう。

→ インフルエンサーへの依頼方法

　「インフルエンサーに商品PRをお願いしたいけれども、どうやって依頼すべきかわからない……」というお悩みのご相談をよく頂きます。謝礼の目安も不明と仰る方が多いです。インフルエンサーにはかならずしも代理店を通す必要はなく、お問い合わせフォームやダイレクトメッセージ経由で直接お声がけして大丈夫です。ご依頼概要、投稿期間、発信時に伝えてほしいこと、ハッシュタグ、商品詳細、注意事項をお伝えしましょう。PR表記は絶対にしてもらってください。基本的には制約は多くしないほうがいいです。インフルエンサーのファンも勘がいいのですぐにやらされていると見抜きます。インフルエンサーはその人自身の力で影響力を増しているので、どのように発信するかはある程度ゆだねる勇気も必要なのです。

Chapter 01
Chapter 02
Chapter 03
Chapter 04
Chapter 05
Chapter 06
Chapter 07

効果的な集客方法（コミュニケーション編）

Chapter 01
Chapter 02
Chapter 03
Chapter 04
Chapter 05
Chapter 06
Chapter 07

効果的な集客方法（コミュニケーション編）

ご依頼例

●●（InstagramID）様

突然のご連絡失礼いたします。●●（ブランド名）公式Instagram担当です。
Instagramの投稿がとても素敵でしたので、ぜひコラボレーションしたいと思いご連絡いたしました。
ご希望の商品を1点プレゼントしますので、もしよろしければ●●（InstagramID）様のアカウントでご紹介いただけませんでしょうか。
以下、ご依頼の詳細でございます。

■ご依頼内容
フィードまたはストーリーズで商品のご紹介をお願いいたします。

■謝礼
15,000円（税抜）

■投稿期間
4/19（月）～4/30（金）

■投稿文
以下2点を必ず含み、ご自身のお言葉でご記載ください。
・商品のご感想
・4/19（月）から公式アカウントで●●イベントが行われる旨

■タグ付け
@xxxxx_jp

■ハッシュタグ
#PR #xxxx

■写真撮影に関して
・転用した写真、他人から無断で借り受けた写真のご投稿はお控えください。
・著作権、商標権など、他者の知的財産権に一切抵触しないよう十分にご注意ください。

■●●（ブランド名）について
□□□□□◎□□□□□①□□□□◎□□□□②□□□□□◎□□□□③□□□□

◎□□□□□④□□□□□◎□□□□□⑤□□□□□◎□□□□⑥

以上でございます。

ご不明な点がございましたら、ご遠慮なくお問い合わせください。

ご検討のほど何卒よろしくお願いいたします。

●●（ブランド名）公式Instagram担当

　またご依頼時の注意事項として、ご依頼文章がスクリーンショットなどで万が一出回っても問題ない内容にしてください。ごくまれにですが、インフルエンサー自身がストーリーズなどで「この依頼は不適切だ」などとシェアすることもあれば、インフルエンサー同士で依頼内容や謝礼額に関する情報交換が行われることがあります。ショップのイメージダウンに繋がってしまうようなことがないよう、誠意を込めた内容を心掛けましょう。

→ ステルスマーケティングは絶対ダメ

　インフルエンサーと金銭的なやりとりがあるにも関わらず、「#PR」や「●●から提供を受けています」などのコメントを明記せず、中立的な立場を装ってクチコミ投稿をしてもらうことは絶対にやってはいけません。炎上に繋がるからいけないのでは？　バレないようにやれば問題ないのでは？と思っている人も間違いです。ステルスマーケティング、略してステマと呼ばれていますが、アメリカやヨーロッパでは法律で禁止されている行為です。消費者を騙すようなことをしてはいけません。WOMマーケティング協議会（WOMJ）のガイドラインを確認しておきましょう。

出典：WOMJガイドライン（2017年12月4日release）- WOMマーケティング協議会 https://www.womj.jp/85019.html

→ Instagramはクリエイターの宝庫

　フォトグラファーやイラストレーター、動画クリエイターなど、Instagramはビジュアル表現が得意なクリエイターが山ほどいます。素敵なクリエイターとのコラボレーションもInstagramショップ運営の醍醐味ではないでしょうか。商品の撮影をハッシュタグで見つけたフォトグラファーに依頼してみたり、ショップの地図やアイコンのイラストをお気に入りのイラストレーターに依頼してみたり、自分ではちょっとハードルの高いリール制作を動画クリエイターに依頼してみたりと、コラボレーションの選択肢は無限に広がります。相互的に送客できることもポイントです。これから人気が出そうなクリエイターをいち早く発掘して、お声がけしてみてくださいね。

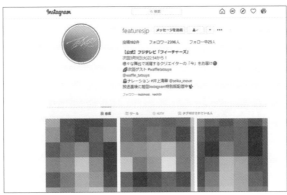

2020年10月からフジテレビで放映している「フィーチャーズ」は、各界で活躍するクリエイターをゲストに迎えたInstagram連動型の番組。クリエイターの考え方やInstagramの楽しみ方に触れることができる
出典：https://www.instagram.com/featuresjp/

Chapter 01
Chapter 02
Chapter 03
Chapter 04
Chapter 05
Chapter 06
Chapter 07

効果的な集客方法（コミュニケーション編）

Chapter **06**

効果的な集客方法
（広告運用編）

Chapter 01
Chapter 02
Chapter 03
Chapter 04
Chapter 05
Chapter 06
Chapter 07

効果的な集客方法（広告運用編）

Instagram広告とは

→ Instagram広告の特徴

Instagram広告とは、利用者のフィードのタイムラインやストーリーズ、発見タブなどの配信面に出稿できる運用型広告のことです。広告出稿の設定時に決めた予算額の範囲内で配信できます。利用者にとって自分がフォローしている投稿の間に広告が表示されることになるので、Instagramの文化になるべく馴染む形で広告配信用の画像や動画を準備する必要があります。クリエイティブの違和感があまりにも大きいとスルーされてしまいますし、インスピレーションを得られる投稿の中で埋もれないように磨き上げていく必要もあります。素通りされない印象に残る広告配信用の画像や動画が必要となります。クリエイティブの作り方のコツについては後述しますが、Instagram以外で配信する予定だったクリエイティブ素材があれば、Instagramの配信面に合うようにリサイズが必要かもしれません。そもそも広告用にクリエイティブがなかった場合でも、既存の投稿に広告をあとから紐づけることもできます。

Instagram広告を配信する方法は3種類あり、初心者でも簡単に広告配信できる仕組みもあれば、中上級者向けの仕組みもあり、奥が深いです。本書では初心者から中級者向けにInstagram広告について解説するので、これまでSNS広告を配信したことがないという未経験者の方もぜひチャレンジしてみてください。

Instagram広告の特徴は大きく分けて2つあります。1つ目の特徴は、ターゲティングの精度が高いことです。Facebookに登録している利用者の情報や、Facebookに登録していない利用者についてもアカウントの内容から利用者情報を予測しています。またTwitterのようなフォロワー獲得のための広告メニューはInstagramにはありません。フォロワー獲得目的の広告メニュー自体はなくても、フォローを促すクリエイティブを制作して公式アカウントをリンク遷移先に設定して配信することは可能です。

●Instagram広告の公式解説サイト

Instagram広告の配信方法や好事例を学べる公式サイト
https://business.instagram.com/advertising-guide

Chapter 01
Chapter 02
Chapter 03
Chapter 04
Chapter 05
Chapter 06
Chapter 07

効果的な集客方法（広告運用編）

　2つ目の特徴は利用者の購入意欲が高いことです。利用者は日々、自分の価値観やライフスタイルにフィットするブランドや商品を探してInstagramで検索したり、広告経由で商品を購入したりしています。そしてInstagram側も利用者のニーズを予測しながら、ブランドや商品を気に入る可能性が高い人々にコンテンツが表示されるように設計しています。即ち、ブランドや商品と利用者を高い精度でマッチングさせることができるのです。

　筆者である私も、これまでInstagramの広告がきっかけでスマートフォンケースやペットグッズを購入したり、音楽イベントのチケットを購入したり、不動産会社にリノベーションについて問い合わせたりしました。消費者的視線で言い換えると、自分の好きな世界観に近い商品が広告で紹介されると、わざわざ自分から探しにいかなくていいため、便利でついつい買ってしまいます。広告が表示されてそのまま購入することもあれば、フィードの保存機能を使ってブックマークしておき、あとから見返して「そういえばこれ、やっぱり欲しいなぁ」と購入することもあります。もしくは、スマートフォンでInstagram広告のキャプチャを保存し、家族にLINEで送って「これどう？」と相談することもあります。利用者は広告が表示

されてそのままアクションするときと、アクションしないときがあるのは頭の片隅に置いておくといいかもしれませんね。前者は広告レポートとして数値カウントされますが、後者はカウントされません。

　Facebook Japanはアカウント運用において広告とオーガニック（広告やPRではない無料の通常投稿のこと）の両方を使い倒すことを推奨しています。このFacebook Japanの推奨内容はこれまでのInstagramアカウント運用経験から筆者も間違いないと感じています。Instagramアカウントを開設したばかりの頃は、日々の更新を頑張りながらも最初はヒットする投稿がなかなか出なかったり、フォロワーが増えなかったりと悩む方が多いかと思います。そんなときに数千円でも広告配信するとブランドや商品と親和性の高い利用者にリーチが伸び、投稿やアカウントへの注目が高まりやすくなります。ブーストをかけるという意味で、広告配信は有効的です。「広告配信はちょっと……」という方にそれは何故かを尋ねると「広告配信の設定が大変そう」もしくは「なるべくお金をかけたくない」という理由が大半です。前者については簡単な方法を中心にご説明するのと、後者については1回の昼食代からはじめてみませんか。気軽にまずはやってみることをおすすめします。

→ Instagram広告の種類

　Instagramはフィードやストーリーズなど、様々な配信面がありますよね。広告も同様に、様々な配信面に応じて配信できます。それぞれの特性を理解しながら、配信を設計していきましょう。

広告の種類	ポイント
ストーリーズ広告	毎日ストーリーズを利用する5億以上のアカウントとつながれます モバイル画面いっぱいに表示されるストーリーズ広告は、気をそらすものが一切表示されない没入感溢れる広告スペースです
写真広告	シンプルで美しくクリーンなキャンバスで、ストーリーを伝えましょう。正方形、横型のどちらにも対応しています

動画広告	写真広告と同じく画面いっぱいに広がる上質なビジュアルに加え、音と動きを駆使してストーリーを伝えることができます。最長120秒の動画を、横型または正方形のフォーマットで配信できます
カルーセル広告	利用者がスワイプすることで、複数並んだ写真や動画を切り替えられるため、キャンペーンでブランドストーリーをより深く伝えることができます
コレクション広告	ビジュアルを使ってターゲット層に訴えかけ、商品の発見、閲覧、購入につなげることができます。動画、画像、または両方を使って、製品やライフスタイルに焦点を当てた総合的なストーリーを伝えられます
発見タブ広告	新しいものを積極的に探している人にリーチします。フォロー中のアカウント以外にも興味の範囲を広げたいと思っているオーディエンスを対象に、フィード広告の配信を拡大しましょう

出典：https://business.instagram.com/advertising

●ストーリーズ広告例

フルスクリーンでダイナ
ミックに表現可能

Chapter 01
Chapter 02
Chapter 03
Chapter 04
Chapter 05
Chapter 06
Chapter 07

効果的な集客方法（広告運用編）

●写真広告例

正方形だけでなく、横型
にも対応

●動画広告例

最長120秒の動画を、横
型または正方形のフォー
マットで配信可能

●カルーセル広告例

利用者がスワイプするこ
とで、複数並んだ写真や
動画を切り替えられるた
め、より深く理解できる

170

●コレクション広告例

ビジュアルを通して訴求し、商品の発見、閲覧、購入に繋げられる

●発見タブ広告例

欲しいもの、新しいものを積極的に探している人にリーチ可能

効果的な集客方法（広告運用編）

Chapter 01
Chapter 02
Chapter 03
Chapter 04
Chapter 05
Chapter 06
Chapter 07

効果的な集客方法（広告運用編）

Section 02 Instagram広告を配信するために

→ 配信の準備と大まかな流れ

　広告配信にあたって準備すべきものは以下の通りです。実はInstagramアカウントを所有していなくても、Instagram広告の配信自体は可能です。しかし本書を手にとっている方はアカウント運用も行うことを想定しているので、アカウント所有者の場合の準備するものを記載しています。

項目	説明
Instagramのプロアカウント	Instagramで広告を配信するには、プロアカウントに切り替える必要があります。設定方法は「chapter02 section03 ビジネスアカウントに切り替える」をご覧ください。プロアカウントは2種類あり、ビジネスかクリエイターか選択できます。プロアカウントに移行した後、プロフィールの［広告］ボタンをタップすると広告配信の設定画面に遷移できます
スマートフォン	初心者でとりあえず広告配信してみたいという方はスマートフォンのInstagramアプリから広告の設定ができます
デスクトップコンピューター	中上級者で広告配信における細かな設定や振り返りを行いたい方はデスクトップコンピューターの使用を推奨します
クレジットカードまたはクレジット機能付きデビットカード	広告料金の支払いのために必要です
リンククリックの遷移先URL	広告配信の目的がウェブサイトへの誘導の場合は用意しておきましょう
広告クリエイティブ（広告配信用の画像や動画）	既存の投稿に広告を紐づける場合は不要ですが、それ以外の場合は新たに用意しましょう

　さて、ここまで準備ができたらInstagram広告の配信までの手順をイメ

ージしてみましょう。大まかに分けると以下の3ステップです。

1．広告を作成する
2．予算を決める
3．公開する

　最初に広告を配信する目的、ターゲット、配信面を決めます。そして予算と配信期間を設定し、広告の申請をして承認されると公開という流れになります。

→ 広告を作成する前に

　ここからはより実践的な広告クリエイティブの作り方について解説していきます。いきなり作りはじめるのではなく、以下のワークシートを使って目的やゴールを明確にしてから取り組みましょう。

項目	記入欄
広告の目的 （認知拡大、検討機会の創出、 コンバージョンetc..）	
目標	
伝えたいこと	
ユーザーベネフィット	
ターゲット	
ターゲットに どう思われたいか	
ターゲットはどのようなInstagramのクリエイティブを好んで見ていそうか	色味： フォント： 画像の特徴： 加工の特徴：
どのような広告デザインに落とし込みが必要か	伝えたいメッセージ： フォーマット： ビジュアルのトンマナ： 要素（文言や素材の指定）：

Chapter 01
Chapter 02
Chapter 03
Chapter 04
Chapter 05
Chapter **06**
Chapter 07

　アウトプットイメージが湧いてきたでしょうか。ビジュアルの構成をノートに手描きしてみるとクリエイティブのパターンが拡がっていきます。またワークシートを一度実践してみると、普段から閲覧する広告の見え方も変わってきます。この広告はこういう目的で配信しているのかな？このクリエイティブのここは取り入れられそうだ！　などインスピレーションを得ることもあるかもしれません。いつもとは違った角度で広告を眺めて、刺激を得てみてくださいね。

　スマートフォンのアプリやInstagramのストーリーズ機能でクリエイティブを作るもよし、簡単なコラージュ程度でしたらPowerPointでも制作可能です。PowerPointを開いて「デザイン>スライドのサイズ>ユーザー設定のスライドのサイズ」で16：9を選択し、スライドの向きを縦にするとストーリーズのフォーマットになります。

　もう少し本格的に作りたい方は、Adobe Creative Cloudの契約や、iPadで「Procreate」という1,220円の有料デザインアプリの活用を検討してみてくださいね。

→ レベル別の広告の配信方法

　広告を掲載する方法は3種類あります。レベルに応じて初心者は「1. Instagramアプリから広告を作成」で、中上級者は「3. 広告マネージャで広告キャンペーンを作成」で試してみてください。「2. Facebookページから広告を作成」はスキップして問題ありません。広告マネージャでも同様の配信ができます。

掲載方法	ポイント
1. Instagramアプリから広告を作成	Instagramのアプリ上で既存の投稿を宣伝できるようになります。もっとも手軽な方法です。現段階ではアプリから商品タグがついた投稿に広告を紐づけられません フィード、ストーリーズ、発見タブで配信できます

Chapter 01

Chapter 02

Chapter 03

Chapter 04

Chapter 05

Chapter **06**

Chapter 07

2. Facebookページから 広告を作成	紐づけているFacebookページからInstagram広告を作成できます。FacebookとInstagramの両方に掲載することができます
3. 広告マネージャで 広告キャンペーンを作成	広告マネージャには、FacebookやInstagramで広告を作成するための包括的なツールが用意されています。上記の2種類より難易度が高い分、さまざまなカスタマイズが可能です。商品タグがついた投稿を広告配信できます

　はじめて広告を配信する場合は、試しに「1．Instagramアプリから広告を作成」でチャレンジしてみてください。新たに広告クリエイティブを準備する必要がなく、既存の投稿を宣伝できるため、意外と簡単で広告配信が気軽に感じられるかと思います。投稿の「宣伝」ボタンをタップしてから、わずか数分で広告の申請が完了します。補足としてInstagram広告はすぐに掲載されるわけではなく、広告ポリシーに違反していないかFacebookのチェックが入ります。そして遷移させたいリンク先の設定、どんな人に見てもらいたいかというオーディエンスの選択、予算と掲載期間を決めれば広告を作成できます。Instagramのフィード、ストーリーズ、発見（虫眼鏡アイコンのタブ）で表示されます。投稿の形式はストーリーズや発見の表示に合わせて自動的に調整されます。

　設定の具体的な手順は以下の通りです。

●Instagramから広告を作成する方法

❶ プロフィールを開きます。

❷ ［広告］をタップします。

❸ 下部の［広告を作成］をタップします。

❹ 宣伝する投稿を選択します。

❺ 右上の［次へ］をタップします。

❻ Instagramプロアカウントを設定するときにFacebookページをリンクしていなかった場合は、ページをリンクするよう求められます。既存のページを選択するか、［スキップ］をタップしてください。

❼ ［スキップ］をタップすると、投稿を宣伝するときにこのステップが表示されなくなりますが、いつでもプロフィールにFacebookページへのリ

Chapter
01

Chapter
02

Chapter
03

Chapter
04

Chapter
05

Chapter
06

Chapter
07

ンクを追加できます。

プロフィールの「広告」をタップし、広告宣伝したい投稿を選択する

❽ 宣伝の詳細を入力し、リンク先（誘導先）、オーディエンス（リーチし
たい利用者）、予算（1日に使用する費用）、期間（広告を掲載する期間）
などを設定します。詳細の入力が完了したら、［次へ］をタップします。

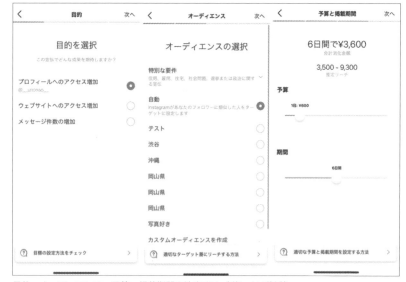

目的、オーディエンス、予算、掲載期間を決定する（詳しくは後述）

❾［確認］で［広告を作成］をタップすると、広告が完成します。

　広告が送信され、広告ポリシーに準拠しているかどうか審査されます。

　審査により承認されると、広告の掲載が開始されます。

　宣伝の審査を申請した後、審査がはじまったとき、承認または却下され

　たとき、キャンペーンが終了したときに、アクティビティフィードにお

　知らせが表示されます。

　広告の送信後は、［広告］ボタンを使用してインサイトを確認できます。

設定内容及び広告をプレビューして確認して、問題なければ「広告を作成」で申請完了

出典：Instagramから広告を作成する
https://help.instagram.com/1067656009937668
https://www.facebook.com/business/m/instagram-promotions/getting-started

　❽の宣伝の詳細を入力というのは、ビジネスの目的の選択のことです。プ
ロフィールを見つけてもらってフォロワー増加に繋げたい場合は「プロフ
ィールへのアクセス増加」を選択します。ただし魅力的なプロフィールを
あらかじめ準備しておく必要があります。プロフィールアイコン、プロフ
ィール文、ウェブサイトURL、ストーリーズハイライトなどに一貫性を持
たせておきましょう。プロフィール文には店舗の情報や最新情報を記載し
ておくことを強く推奨します。そしてオンラインストアを閲覧したり、イ
ベントの詳細を確認したり、お得な情報やメーリングリストに登録したり
してもらいたい場合には「ウェブサイトへのアクセス増加」を選択します。
「詳しくはこちら」や「今すぐ購入」などのCTA（コールトゥアクション）

効果的な集客方法（広告運用編）

と呼ばれるボタンを設置できます。潜在顧客からのリクエスト、予約、問い合わせを増やしたい場合は「メッセージ件数の増加」を選択します。広告接触者が気軽にメッセージ送信しやすいように、広告のキャプションには質問や会話のきっかけを記載しましょう。

広告配信の目的を設定する

　そして、ターゲットの設定を進めていきましょう。「自動」と「カスタムオーディエンス」と「特別な要件」の3種類あります。

　1つ目の「自動」は、およそ1万フォロワー以上のアカウントで、ひとつの地域に限定されないビジネスに最適です。フォロワーと共通点がある利用者にターゲットが設定されるからです。自分たちのアカウントにいいねやコメントなどのアクションをしたことがあり、コンテンツへの関心度が高いと見込める人に自動的に配信される仕組みになっています。

　2つ目の「カスタムオーディエンス」では、所在地、性別、年齢、興味・関心を設定できます。具体的に設定していくことでターゲットを絞ってリーチできます。例えば、美容室のオーナーでしたら、美容室、メイク、ショッピングなどに興味があり、店舗所在地の半径10km以内にいる成人をターゲットに設定できます。「オーディエンスを作成」ボタンから作成することができ、推定リーチ人数が表示されるので、まずはやってみてください。地域を渋谷、興味関心を買い物・ファッション、性別を女性、55歳～55歳という非常に狭い年齢幅で設定してみますと「推定リーチ人数1,000狭すぎる」とアラートが表示されます。一方で年齢以外の設定は変えないまま、20～25歳に変更すると「推定リーチ人数 32,000 非常に良い」とレ

コメンドされます。

　3つ目は「特別な要件」です。信用、雇用、住宅、社会問題、選挙または支持に関する宣伝に該当する場合は選択が必要です。例えばクレジットカードやローンなどの金融サービス、求人や資格などのキャリア系サービス、不動産や保険、住宅ローン、政治家や政治的キャンペーンが該当します。

Chapter
01
Chapter
02
Chapter
03
Chapter
04
Chapter
05
Chapter
06
Chapter
07

効果的な集客方法（広告運用編）

ターゲットを設定する

　さて、次に予算と掲載期間を設定します。先ほど、ターゲットオーディエンスを設定しましたね。設定したターゲットオーディエンスをふまえて、自動的に計算してくれます。例えば地域を渋谷、興味関心を買い物・ファッション、性別を女性、年齢は20歳～25歳の場合は6日間で3,600円の消化金額になるようです。1日200円から配信できますが、よりよい成果を得るためには1日最低500円以上の設定が推奨されています。消化金額が大きければ大きいほど、リーチできる人数が増える仕組みです。掲載期間があまりにも短いとなかなか効果は実感しづらいかと思います。掲載期間については、最低6日間以上の設定がおすすめです。配信システムが広告の配信先として最適な人を見つけられる学習期間になるからです。また広告配信後に効果の比較ができるように、広告配信は1つの投稿だけではなく、複数の投稿で試してみてください。

ステップ4
予算と掲載期間を設定する

画面に表示されるデフォルトの予算と掲載期間から始めることをおすすめします。この組み合わせで始めると、広告配信システムが投稿を表示する最適な利用者を見つけるための時間を確保できます。

6日間の合計消化金額は
$30です

1,700～4,500

予算

掲載期間

予算と広告配信期間を設定する

　ここまで設定できたら、あとは広告を確認しましょう。「広告を確認」画面で推定リーチ人数が表示されます。そして「広告をプレビュー」をタップすると、フィード、ストーリーズ、発見それぞれの広告配信イメージが表示されます。画像やキャプション内容に間違いがないかよく確認しましょう。ストーリーズ配信時、既存のフィード投稿のキャプションは冒頭部分しか表示されないことがわかると思います。画像内で十分に訴求できる場合はそのままでいいですが、キャプションでもしっかり訴求したい場合には冒頭2～3行で伝えたい言葉を記載してみてください。支払い方法を設定し、「広告を作成」ボタンをタップすれば申請完了です。Instagramの利用規約とガイドラインに満たしていることが認められたら、自動的に配信が開始します。

ステップ5
テストと分析

テストとして、宣伝のターゲットオーディエンスや予算、掲載期間を設定してみましょう。宣伝に関するインサイトは、宣伝の成果を把握するのに役立ちます。インサイトから学んだことを次回の宣伝に取り入れて、それで結果がどのように変わるかを確認しましょう。

テストと分析を行う

配信開始後は投稿の「インサイトを見る」から宣伝の結果を確認しましょう。またはプロフィールトップの「広告＞過去の広告」からも閲覧できます。宣伝のインサイトは広告閲覧者がどのようにアクションしたかを把握できます。ウェブサイトへの移動やプロフィールへのアクセスが宣伝経由で何%あったか、インプレッションのうち何%が宣伝経由かなどがわかります。そして予算のうち何%を消化したか、オーディエンスの男女比、年齢、地域も解析されます。この結果を他の宣伝投稿と比較することで、どの投稿がパフォーマンスを発揮できているか明らかになることでしょう。

　次に宣伝の結果を踏まえて、改善案を考えてみましょう。広告の結果から仮説を立てていきます。他の広告とインタラクション数や発見の数値を比較してどこが優れていたか、逆にどこに改善要素があったかを洗い出してみてください。たとえばカフェのオーナーの場合、店舗の外観、コーヒー、フード、接客の様子などいくつかのパターンで配信してどのようなクリエイティブだと成果が得られやすいか検証できるはずです。もしくは、同じ店舗の外観のクリエイティブでも、ターゲットオーディエンスを変更してみたり、掲載期間を長くするなど、様々な視点で改善策を考案してみてくださいね。1回きりの広告配信で成果を出すことは難しいのが現実です。仮説を立てながら広告配信で検証を行い、次の広告配信に活かしていくというサイクルで次第に成長していくことでしょう。

他の広告のインサイトをベンチマークとして

各投稿のインタラクション数を比較してどこが優れていたか、逆にどこに改善要素があったかを洗い出す

出典：宣伝ガイドhttps://www.facebook.com/business/m/instagram-promotions/faqs#promo-setup-videos

Chapter 01
Chapter 02
Chapter 03
Chapter 04
Chapter 05
Chapter 06
Chapter 07
効果的な集客方法（広告運用編）

Chapter 01
Chapter 02
Chapter 03
Chapter 04
Chapter 05
Chapter 06
Chapter 07

効果的な集客方法（広告運用編）

ちなみに広告配信開始後に何らかの理由で、やっぱり配信を止めたいとなっても大丈夫です。いつでも停止できます。配信開始後の停止理由としてよく挙がるのは、商品の売り切れや内容の変更などです。また大手企業に多いのは、大規模な自然災害があったときにも配信を自粛するケースがあります。

停止ではなく、広告削除もできます。該当投稿の広告インサイトの最下部に「広告を削除」というボタンがあります。知っておいて損はないと思うので、頭の片隅に置いてくださいね。

SNS広告配信の経験や知識がある方は、「3．広告マネージャで広告キャンペーンを作成」でやってみましょう。「2．Facebookページから広告を作成」はスキップしていいかと思います。まずはビジネスマネージャ（https://business.facebook.com/）にアクセスします。該当のアカウントをクリックし、Instagramアカウントを紐づけていきます。次の図のように「追加」ボタンをクリックし、InstagramアカウントのIDとパスワードを入力してログインします。

❶「追加」ボタンから
Instagramアカウントを連携する

❷新しい広告アカウント
を作成する

続いて、左のメニューから「広告アカウント」を選び「追加」ボタンから「新しい広告アカウントを作成」をクリックします。
支払いは「JPY日本円」を選択しておきましょう。

次に、ユーザーの追加とアクセス許可の設定ができます。自分を管理者に設定し、ほかに広告配信を担当してほしい社員がいれば追加して権限を付与します。

❶ユーザーの追加とアク
セス許可の設定をする

Chapter 01
Chapter 02
Chapter 03
Chapter 04
Chapter 05
Chapter 06
Chapter 07

効果的な集客方法（広告運用編）

❷広告マネージャの準備
完了

　これで広告マネージャを使用する準備が整いました。右上の「広告マネージャを開く」をクリックして広告を作成できます。

Chapter 01
Chapter 02
Chapter 03
Chapter 04
Chapter 05
Chapter 06
Chapter 07

効果的な集客方法（広告運用編）

Instagram広告を配信しよう

Section 03

→ 広告配信の目的

　認知やコンバージョンなどの目的に応じて広告を配信することができます。ただし、他のソーシャルメディアとは異なり、フォロワー獲得専用の広告メニューはないのでご注意ください。

　表の通り、11種類の中からキャンペーン（広告配信）の目的を選択できます。ビジネスの成長に応じて目的はさまざまかと思います。たとえばブランドローンチが間もない状況であれば、認知度を向上できる「ブランドの認知度アップ」または「リーチ」目的で配信してみましょう。特設サイトなどの外部URLへの誘導には「トラフィック」目的がおすすめです。目的によって広告の課金方法が変わるので、間違えないように注意しましょう。

広告配信の目的を設定する

認知度

目的	ビジネスの目標
ブランドの認知度アップ	ビジネス、ブランド、サービスへの認知度を高めることができます。広告の記憶が残る見込みがもっとも高い人に広告を表示します

Chapter 01
Chapter 02
Chapter 03
Chapter 04
Chapter 05
Chapter **06**
Chapter 07

効果的な集客方法（広告運用編）

リーチ	ターゲットオーディエンスのできるだけ多くの利用者に広告を表示します。

検討機会

目的	ビジネスの目標
トラフィック	自社のウェブサイトのランディングページ、ブログ投稿、アプリ、Facebookイベント、Messengerスレッドなど指定したURLへと利用者を誘導します
エンゲージメント	投稿にエンゲージメントする可能性の高い利用者にリーチできます。エンゲージメントには、「いいね！」、コメント、シェアなどが含まれますが、ページからのクーポン利用も含めることができます。ページの「いいね！」、イベントへの参加、リアクション・コメント・シェアの投稿を増やします
アプリのインストール	ビジネスのアプリをダウンロードできるアプリストアに利用者を誘導します。アプリをダウンロードして、アクションを実行する見込みが高い人に広告を表示します
動画の再生数アップ	ビジネスの動画を視聴する可能性の高いFacebook利用者に、動画広告を配信します
リード獲得	ビジネスやブランドのリードを獲得します。ニュースレターへの登録など、商品に興味を持った利用者から情報を収集する広告を作成します
メッセージ	Messenger、Instagram Direct、WhatsAppで利用者とつながります。潜在顧客や既存の顧客とコミュニケーションを取り、ビジネスへの関心を促します。見た人がMessengerやWhatsApp、Instagram Directでアクションを実行できる広告を表示します

コンバージョン

目的	ビジネスの目標
コンバージョン	ビジネスのサイト上で利用者に特定のアクションを促します。アクションには、商品のカートへの追加、アプリのダウンロード、サイトへの登録、購入などが含まれます ウェブサイト、アプリ、Messengerなどでの購入・支払い情報の追加といった重要なアクションを実行する見込みが最も高い人に広告を表示します

カタログ販売	Eコマースストアのカタログの商品を掲載して、売上を増やします。ターゲットオーディエンスを使用して、カタログのアイテムを含む広告を表示します
来店数の増加	実店舗への来店の見込みが高い人に対し、近隣エリアにいるときに広告を表示します

出典：https://www.facebook.com/business/help/1438417719786914

→ ターゲットの設定

Instagram広告は年齢や性別、地域、興味関心など、指定した条件に合ったオーディエンス（広告配信対象の利用者）に表示できます。

項目	説明
地域	国、都道府県・州、市区町村など、具体的な場所を基にリーチします
利用者層データ	年齢、性別、使用言語などのデータを基に、ターゲットを絞り込みます
興味・関心	使用しているアプリ、クリックしている広告、フォローしているアカウントなど、興味や関心を基にリーチします
行動	InstagramやFacebookでの行動に加え、それ以外の場所での行動も利用してターゲットを設定します
カスタムオーディエンス	メールアドレスや電話番号を基に、Instagramを利用している既存の顧客にリーチします
類似オーディエンス	既存の顧客と同じ特徴を持つ人びとを、新しく探してリーチします
自動ターゲット設定	場所、利用者層データ、興味・関心など、さまざまな条件を利用することで、ビジネスに関心を持つと思われる人びとを簡単にターゲットに設定できます

出典：https://business.instagram.com/advertising

→ 支払い方法

クレジットカード、クレジット機能付きデビットカード、PayPal、オン

Chapter 01
Chapter 02
Chapter 03
Chapter 04
Chapter 05
Chapter 06
Chapter 07

効果的な集客方法（広告運用編）

ライン銀行振込の4種類があります。対応しているクレジットカードは以下の通りです。

- American Express
- JCB
- Mastercard
- Visa

　オンライン銀行振込は、最初にFacebook広告アカウントを設定する際に「手動決済」を選択した場合にのみ使用可能となります。

→ フォーマットの種類

　大まかに分けて4種類のフォーマットが存在します。シングル画像、複数画像（カルーセルと呼びます）、動画、ストーリーズの4種です。

フォーマット	ポイント
シングル画像	画像は正方形、横型、縦型のいずれかのフォーマットで表示されます
複数画像（カルーセル）	フィードやストーリーズ上に正方形または縦型のフォーマットで表示されます
動画	動画は正方形または横型のフォーマットで表示されます（Instagramストーリーズで表示される場合を除く）。60秒以内の長さにする必要があります
ストーリーズ	フルスクリーン縦型アセットの使用をおすすめしていますが、他の配置で使用しているメディアをそのまま使用することも可能です ストーリーズ広告はフィードに配置される画像および動画のサイズに対応しています。つまり、アスペクト比が9：16、16：9～4：5の1枚の写真または最大120秒の動画をアップロードできます

出典：https://www.facebook.com/business/help/877053729032543

Chapter 01
Chapter 02
Chapter 03
Chapter 04
Chapter 05
Chapter 06
Chapter 07

効果的な集客方法（広告運用編）

はじめてInstagram広告を制作する場合、まずストーリーズのクリエイティブから制作してみましょう。毎日5億人がInstagramストーリーズを利用しており、没入感あふれるフルスクリーンで訴求できるからです。

→ 広告のデザイン要件

フィードとストーリーズ、発見タブのデザイン要件は以下の通りです。発見タブ広告は、フィードと同じように、利用者が発見タブで写真や動画をクリックして閲覧しているときに表示されます。

配信面	要件
フィード広告	**正方形** ● 最小解像度：600×500ピクセル ● 最大解像度：1,936×1,936ピクセル **横型** ● 最小解像度：600×315ピクセル ● 最大解像度：1,936×1,936ピクセル **縦長** ● 最小解像度：600×750ピクセル ● 最大解像度：1,936×1,936ピクセル **動画サイズ** ● 動画ファイルの最大サイズは4GBです ● フィードで表示できる動画広告の長さは最大120秒です **キャプションの長さ** ● Instagram広告のキャプションは画像の下に表示されます。2,200文字まで含めることができます **アスペクト比** Instagram広告のアスペクト比はフォーマットによって異なります ● 正方形……1：1 ● 横型………1.91：1 ● 縦型………4：5

Chapter 01
Chapter 02
Chapter 03
Chapter 04
Chapter 05
Chapter 06
Chapter 07

効果的な集客方法（広告運用編）

Chapter 01
Chapter 02
Chapter 03
Chapter 04
Chapter 05
Chapter **06**
Chapter 07

ストーリーズ広告	ストーリーズ広告のフルスクリーン縦型フォーマットに合わせるには、アスペクト比9：16を使用することをおすすめしています。フィードの写真と動画のすべてのサイズがサポートされるようになりました（1：91から4：5まで） **ファイルタイプ** • .mp4または.mov (動画) • .jpgまたは.png (写真) **最大ファイルサイズ** • 4GB (動画) • 30MB (写真) **動画の再生時間** • 最大：120秒 • デフォルトでは、画像は5秒間表示されます **ディメンション** • 推奨解像度：1,080×1,920 • 最小：600×1,067 **対応コーデック** • 動画：H.264、VP8 • 音声：AAC、Vorbis
発見タブ広告	発見タブの広告は、Instagramフィードの広告と同じフォーマットで表示されます

出典：https://www.facebook.com/business/help/430958953753149
https://www.facebook.com/business/help/2222978001316177
facebook.com/business/help/468874930636689

→ 広告クリエイティブのポイント

　せっかく広告を配信するなら、少しでも効果を期待したいですよね。広告のパフォーマンスを向上する3つのポイントをFacebookが提唱しています。それは一目見て理解できるように仕上げること、価値を数字や金額で伝えること、伝えたい内容とビジュアルを一致させることです。ぱっと見で自分にメリットがあるということが伝わるクリエイティブに仕上げる必要があります。頭ではわかっていても、アウトプットするのはなかなか難しいですよね。ここでベストプラクティスと呼ばれる好事例をみてみましょう。

パフォーマンス広告に必要な3つのクリエイティブ視点

1 シンプルで具体的な
ワン・メッセージ

・一目見て理解できる内容に
・最初の3秒以内に伝える

2 ベネフィットの明示

・『何が良いのか』明確に伝える
・数字や金額で伝える

3 メッセージと
ビジュアルの一貫性

・伝えたい内容と、ビジュアルを
必ず一致させる

広告クリエイティブ制作において、メッセージとユーザーベネフィット（メリット）明確化、さらにビジュアルの一貫性が重要

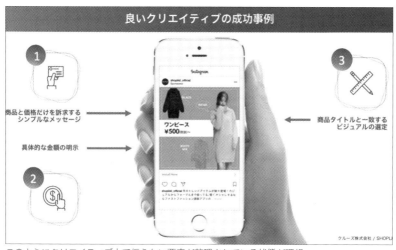

良いクリエイティブの成功事例

1 商品と価格だけを訴求する
シンプルなメッセージ

具体的な金額の明示

3 商品タイトルと一致する
ビジュアルの選定

2

クルーズ株式会社 / SHOPLI

このようにクリエイティブ上で伝えたい要素が整理されている状態が理想

Chapter 01
Chapter 02
Chapter 03
Chapter 04
Chapter 05
Chapter 06
Chapter 07

効果的な集客方法（広告運用編）

Chapter 01
Chapter 02
Chapter 03
Chapter 04
Chapter 05
Chapter 06
Chapter 07

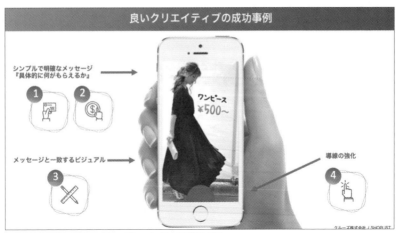

ストーリーズのクリエイティブについても同様である

出典：https://baseu.jp/13420

　このように3つのポイントが網羅されているクリエイティブがこちらです。ストーリーズのフォーマットを活かしたフルスクリーンで、ユーザーベネフィットが一目でわかるクリエイティブに仕上がっています。文字が少ないため、一瞬で内容を理解することができますね。

→ 公式のオンライン学習サイトで学ぼう

　Facebookには「Facebook Blueprint」という無料で誰でも受講できるオンライン教育プログラムが用意されています。日本語に対応しており、FacebookやInstagramを活用したマーケティングを体系的に学べます。事前申し込みも必要なく、思い立ったらすぐに受講できます。

　筆者のおすすめはInstagramコースの「Instagram広告の目的（中級）」と「Instagramの広告タイプ（中級）」です。それぞれ15分ほどの講座で、Instagram広告の基本や効果的な事例を知ることができます。本書の予習または復習をかねて受講されてみてはいかがでしょうか。ぐっと理解が深まると思います。

効果的な集客方法（広告運用編）

●Facebook公式の学習サイト

Facebook blueprintでは、
自分の好きなタイミング
で無料講座をオンライン
受講できる
https://www.facebook.com
/business/learn

●Instagram関連の講座例

Facebookだけではなく、
Instagramの講座も豊富

Chapter 01

Chapter 02

Chapter 03

Chapter 04

Chapter 05

Chapter 06

Chapter 07

効果的な集客方法（広告運用編）

Chapter
01

Chapter
02

Chapter
03

Chapter
04

Chapter
05

Chapter
06

Chapter
07

購入してもらうための 広告配信

→ ショッピング投稿の広告配信

　2019年秋より、ショッピング投稿を広告配信できるようになりました。商品タグがついたフィード投稿に広告を紐づけられます。これまでは通常の投稿に広告を紐づけ、アカウントに来訪してから商品タグのついた投稿をタップする必要がありました。しかし、商品タグがついた投稿をそのままターゲットオーディエンスにリーチできるため、効率よく宣伝できます。

公式アカウントのショッピング投稿は広告配信可能
https://about.fb.com/ja/news/2019/10/instagram_shopping_posts_as_ads/

→ ショッピング投稿を広告配信するメリット

　メリットは以下の通りです。総じて効率のよさが挙げられます。

1. ショッピングのプレゼンスを拡大し、広告を活用して特定のターゲット層に大規模にリーチできる

2. ショッピングのフォーマットで商品を展示し、利用者を購入へと導ける
3. 広告の効果測定やテスト機能を利用して、ショッピングの戦略を総合的に改善できる

出典：https://www.facebook.com/help/instagram/300971227771670

→ 商品タグがついた投稿を広告で拡散

　商品タグがついた静止画またはカルーセルのフィード投稿で広告配信できるようになりました。広告として宣伝することで大規模なターゲットオーディエンスにリーチできます。手順は以下の通りです。

●商品タグがついた投稿を広告で拡散する方法
❶ 広告マネージャを開きます。
❷［＋作成］を選択します。
❸ 目的を選択します（このフォーマットでは、ブランドの認知度アップ、リーチ、投稿のエンゲージメント、リンククリック、コンバージョンを利用できます）。

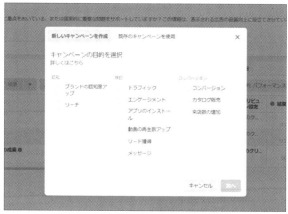

作成ボタンをクリックし、キャンペーンの目的を選択

Chapter 01
Chapter 02
Chapter 03
Chapter 04
Chapter 05
Chapter 06
Chapter 07

効果的な集客方法（広告運用編）

❹ オーディエンスを選択します。

地域や年齢、性別などを
設定しながら、右上のオ
ーディエンスの潜在リー
チ数を確認する

❺ ［配置を編集］を選択して、［Instagramフィード］または ［Instagram発
見タブ］のどちらかのみを配置として選択します。

配置はInstagramフィード、
またはInstagram発見タブ
のどちらかのみを選択

❻ 広告セットレベルで、［既存の投稿を使用］を選択します。

❼ 広告として掲載するショッピング投稿を選択します。

❽ 広告の詳細を入力し、［次へ］を選択します。

広告セットレベルで、既存の投稿を使用を選択し、ショッピング投稿を選べば配信準備は完了

出典：https://help.instagram.com/384793215494212

→ ブランドコンテンツ広告

　クリエイターの許可を得て、ブランドコンテンツをクリエイターのアカウントからInstagramフィード広告またはInstagramストーリーズ広告として宣伝できます。この説明でピンとくる方と、こない方がいるかもしれません。たとえば、こちらの図のようにブロガーやスポーツ選手がブランドをInstagramで宣伝している投稿を見かけたことはありませんか。これがブランドコンテンツ広告です。

左はフィード、右はストーリーズのブランドコンテンツ広告

Chapter 01
Chapter 02
Chapter 03
Chapter 04
Chapter 05
Chapter 06
Chapter 07
効果的な集客方法（広告運用編）

Chapter

01

Chapter

02

Chapter

03

Chapter

04

Chapter

05

Chapter

06

Chapter

07

効果的な集客方法（広告運用編）

　日本でもステルスマーケティング、略してステマが厳しく糾弾されています。そして「ブランドコンテンツ広告」はブランドとクリエイターの透明性を保つ役割を担っています。ブランドがクリエイターに依頼した投稿は「（ブランドのアカウント名）とのタイアップ投稿」と表示され、消費者の信頼に繋がります。

　またブランドとクリエイターにもメリットがあります。ブランドはクリエイターのインフルエンス力を活かしてブランドの認知拡大や興味喚起できます。クリエイターにとっても、広告配信を通してフォロワー以外にリーチできるため、ファン層を拡大するチャンスとなります。

　クリエイターへの打診については、「Chapter05 Section05 インフルエンサーとのコミュニケーション」をご参照ください。

　ブランドコンテンツ広告の配信準備として、ブランドのアカウントとクリエイターのアカウントを紐づける必要があります。

　まずブランドは、Instagramアプリの設定から「ビジネス>ブランドコンテンツ」をタップし、「タグ付けを手動で承認」ボタンをタップします。クリエイターのアカウント名を検索してタップすると、クリエイターはビジネスを紐づけて投稿することができるようになる仕組みです。

　クリエイターに「ビジネスパートナーをタグ付け」して投稿をしてもらい、さらに「ビジネスパートナーによる宣伝を許可」をオンにしてもらいます。

　続いて広告配信の設定です。広告マネージャより広告を作成し、配置のステップでフィード、ストーリーズまたは発見タブのいずれかを選択します。そして「既存の投稿を使用>投稿を選択/投稿を変更」をクリックし、ブランドコンテンツタブに移動すると、クリエイターの投稿が表示されます。最後に広告のプレビューが表示されるので、最終確認して配信となります。ぜひチャレンジしてみてくださいね。

Chapter **07**

Instagram運用の
分析と改善

Chapter 01
Chapter 02
Chapter 03
Chapter 04
Chapter 05
Chapter 06
Chapter 07

Instagram運用の分析と改善

Section 01 インサイトの語句を徹底解剖

→ 分析をしてみよう

　さて、ここからは運用の分析と改善を行っていきます。小難しく感じられるかもしれませんが、日々の改善無しにはInstagramショップで売上を上げていくのはなかなか難しいことでしょう。売上を着実に伸ばしていくためには、日々の投稿の分析と、分析結果から次にどう改善していくかというPDCAが必要です。いきなり難易度の高い分析は誰にとっても難しいと思いますので、まずはできるところから始めてみてください。

　インサイトを確認するにはInstagramのビジネスアカウントかクリエイターアカウントが必要です。ここまでお読みになられている方はすでに設定済みではないかと思いますが、念のためご確認くださいね。具体的な効果検証の前に、語句の意味を整理しておきましょう。

→ 語句の意味

　Instagramアカウントのフォロワーや投稿分析を行うには、プロフィール右上のメニュータブから「インサイト」をタップしますと、各指標の数値を確認できます。またはフィード投稿とIGTV投稿は各投稿の「インサイトを見る」ボタンから閲覧できます。ストーリーズのインサイトを閲覧したい場合はアーカイブのストーリーズ投稿をタップし、上にスワイプするとと表示されます。
インサイトでは、昨日までの7日間または30日間のパフォーマンスが表示されます。

　ここからは、各指標の語句の意味を解説していきます。インサイト画面の右上の「i」ボタンからも語句の解説を閲覧できます。

概要

アカウントのリーチ、コンテンツのインタラクション（反応数）、合計フォロワー数、あなたがシェアしたコンテンツが表示されます

「リーチしたアカウント数」をタップすると、リーチしたアカウント数とインプレッションの詳細を確認できます。プロフィールへのアクセスやウェブサイトへのアクセスなどアカウントのアクティビティに関するインサイトも確認できます。人気の投稿、ストーリーズ、IGTV動画をリーチ順に並べ替えて表示することもできます

「コンテンツでのインタラクション」をタップすると、投稿、ストーリーズ、IGTV動画のコンテンツでのインタラクションの詳細を確認できます。詳細には、コンテンツに対する「いいね！」、コメント、保存、シェア、リプライ、その他のアクションの数が含まれます。人気の投稿、ストーリーズ、IGTV動画をインタラクション数の順に並べ替えて表示することもできます

指標	解説
リーチした アカウント	投稿、ストーリーズ、IGTV動画のいずれかを1回以上見たユニークアカウントの数です 同一ユーザーが2回表示したら1とカウントされます リーチは、同じアカウントが投稿を複数回見た場合も回数に含まれる可能性があるインプレッションとは異なります
コンテンツでの インタラクション	投稿、ストーリーズ、IGTV動画の利用者がアカウントに対して取ったいいねやコメントなどの反応の数です

リーチ

過去7日間、または30日間のあなたのアカウントのリーチ、インプレッション、実行されたアカウントアクションの数が表示されます。リーチ軸でパフォーマンスの高いコンテンツも確認できます

プロフィールに住所や電話番号などのアクションボタンを設けている場合には、ボタンがタップされた回数も表示されます

指標	解説
宣伝のリーチ	投稿またはストーリーズの宣伝（広告）を最低1回見た人数の数です リーチは、同じアカウントが投稿を複数回見た場合も回数に含まれる可能性があるインプレッションとは異なります
インプレッション	投稿、ストーリーズ、IGTV動画が画面に表示された回数です。同一ユーザーが2回表示したら2とカウントされます

Chapter 01
Chapter 02
Chapter 03
Chapter 04
Chapter 05
Chapter 06

Chapter

07

Instagram運用の分析と改善

アカウント アクティビティ	あなたのアカウントで実行されたアクション数を測定します
プロフィールへの アクセス	プロフィールへのアクセス数です
ウェブサイトの タップ数	ウェブサイトへのリンクがタップされた回数です
[道順を表示]の タップ数	住所または[道順を表示]のボタンがタップされた回数です
[電話する]の タップ数	電話番号または[電話する]ボタンがタップされた回数です
[メールを送信]の タップ数	[メールを送信]ボタンがタップされた回数です
テキストボタンの タップ数	キストボタンがタップされた回数です

<table>
<tr><th colspan="3">インタラクション（反応）</th></tr>
<tr><td colspan="3">過去7日間、または30日間のあなたの投稿、ストーリーズ、IGTV動画、の合計インタラクション（反応）数を測定します</td></tr>
<tr><th colspan="2">指標</th><th>解説</th></tr>
<tr><td rowspan="4">投稿
（フィード）</td><td>いいね！</td><td>フィード投稿に対する「いいね！」の数です</td></tr>
<tr><td>コメント数</td><td>投稿へのコメント数です</td></tr>
<tr><td>保存数</td><td>投稿が保存された回数です</td></tr>
<tr><td>シェア数</td><td>投稿のシェア数です</td></tr>
<tr><td rowspan="2">ストーリーズ</td><td>返信</td><td>テキスト返信や、クイックリアクション（絵文字のリアクション）を含む、ストーリーズ投稿に対する返信数です</td></tr>
<tr><td>シェア数</td><td>投稿のシェア数です</td></tr>
<tr><td rowspan="4">IGTV動画</td><td>いいね！</td><td>IGTV動画に対する「いいね！」の数です</td></tr>
<tr><td>コメント数</td><td>IGTV動画に対するコメント数です</td></tr>
<tr><td>保存数</td><td>IGTV動画の保存数です</td></tr>
<tr><td>シェア数</td><td>IGTV動画のシェア数です</td></tr>
</table>

Chapter 01
Chapter 02
Chapter 03
Chapter 04
Chapter 05
Chapter 06
Chapter 07

オーディエンス

合計フォロワーをタップしますと、主な場所、年齢層、性別、アクティブな時間帯など、オーディエンスに関する詳しい情報が表示されます

またフォロワー数が100名以上の場合、「合計フォロワー」をタップしますと、フォロワー全体の詳しい傾向がわかります。このインサイトでは、フォロワーの拡大状況（獲得したフォロワーや失ったフォロワーの数）、フォロワーが多くいる地域、年齢層やInstagramでの最もアクティブな時間帯などがわかります

指標	解説
合計フォロワー	選択した期間にあなたをフォローしたアカウントの数からあなたのフォローをやめたアカウントまたはInstagramを退会したアカウントの数を引いた数です
フォロー数	選択した期間にあなたをフォローしたアカウントの数です
フォローをやめた数	選択した期間にあなたのフォローをやめたアカウントまたはInstagramを退会したアカウントの数です
トップの場所	あなたのフォロワーが特に多い場所です
年齢層	フォロワーの年齢の分布です
性別	フォロワーの性別の分布です
最もアクティブな時間	選択した期間にフォロワーがInstagramにアクセスした平均回数です
最もアクティブな時間－時間	選択した期間にフォロワーがInstagramにアクセスしていた時間の平均です
最もアクティブな時間－曜日	選択した期間にフォロワーが最もアクティブだった曜日です

あなたがシェアしたコンテンツ

今日を含めて選択した期間内にシェアした投稿、ストーリーズ、IGTV動画、アクティブな広告の数です

ストーリーズは投稿から24時間が経過されると「あなたがシェアしたコンテンツ」に表示されます。過去30日間のストーリーズしか遡れませんが、それ以前のインサイトを確認したい場合には、右上のメニューから「アーカイブ」をタップし、インサイトを閲覧したい投稿の画面で上にスワイプするとインサイトが表示される仕組みです

203

Chapter 01

Chapter 02

Chapter 03

Chapter 04

Chapter 05

Chapter 06

Chapter 07

フィード投稿のインサイト	
指標	解説
いいね！（ハート）	フィード投稿に対する「いいね！」の数です
コメント（吹き出し）	投稿へのコメント数です
シェア（紙飛行機）	投稿のシェア数です
保存（しおり）	投稿が保存された回数です
プロフィールへのアクセス	プロフィールへの閲覧数（ビュー）です
発見	コンテンツを見た利用者の人数とコンテンツの表示場所を表示します
フォロー	あなたのアカウントをフォローしたアカウント数です
リーチ	投稿を見た人の数です
フォロワー以外のリーチ	投稿やストーリーズを1回以上見ており、かつ投稿者をフォローしていないユニークアカウントの数です
インプレッション	画面に投稿が表示された回数です
ホーム	タイムラインで表示された数です
プロフィール	プロフィールのトップから表示された数です
ハッシュタグ	フィード投稿につけたハッシュタグで表示された数です
地域	フィード投稿につけた位置情報タグで表示された数です
発見	発見タブで表示された回数です
その他	ダイレクトメッセージでシェアされた投稿、保存された投稿、自分がタグ付けされた、または自分のことが書かれた投稿、自分のことが書かれた、または自分がタグ付けされた投稿のお知らせなどから流入した数です
動画再生数	動画が3秒以上視聴されたときの再生数です。動画再生数が表示されるまでに時間がかかることがあります。表示されない場合は、少し時間を置いてから試してください。その動画が複数の写真や動画を含む投稿の一部である場合、動画再生数は表示されません また、動画再生数はInstagramアプリでの再生数のみを示しています。埋め込み投稿やブラウザーでの再生数は含まれません
宣伝	宣伝した投稿についての詳しい情報を表示します

広告からの クリック数	広告でシェアされたリンクのクリック数です
メッセージスレッド 開始	広告にアトリビューションされて、7日間以上アクティビティのなかった利用者がビジネスにメッセージを送信し始めた回数です
商品ページの閲覧数	商品詳細ページが投稿やストーリーズの各商品タグによって表示された回数です
商品タグごとの 商品ページ閲覧数	投稿にタグ付けされた各商品の商品詳細ページの閲覧数です
タグ付けされた 販売者	投稿にタグ付けされたアカウントです
タグ付けされた商品	投稿にタグ付けされた商品です
商品タグの商品 グループ小売店ID	投稿にタグ付けされた商品の商品グループ小売店IDです
商品タグの小売店ID	投稿にタグ付けされた商品の小売店IDまたはSKUです

ストーリーズ投稿のインサイト	
指標	**解説**
プロフィールへの アクセス	プロフィールへの閲覧数(ビュー)です
リーチ	ストーリーズで写真または動画を見たアカウントの数です
インプレッション	ストーリーズで写真または動画が閲覧された回数です
フォロー	あなたのアカウントをフォローしたアカウント数です
ナビゲーション	戻る、次へ、次のストーリーズ、ストーリーズからの移動数の合計数です
戻る	ストーリーズの前の写真または動画を見るためにタップされた回数です
次へ	ストーリーズで次の写真または動画を見るためにタップされた回数です
次のストーリーズ	次のアカウントのストーリーズに移動するためにタップした回数です
ストーリーズからの 移動数	ストーリーズから移動する時にタップされた数です

リンクのクリック数	ストーリーズからリンク先に遷移した数です
スタンプのタップ数	写真や動画で位置情報やハッシュタグ、メンション、商品スタンプがタップされた回数です
返信数	ストーリーズを表示した利用者がメッセージを送信した回数です
商品タグごとの商品ページ閲覧数	投稿にタグ付けされた各商品の商品詳細ページの閲覧数です
タグ付けされた販売者	投稿にタグ付けされたアカウントです
タグ付けされた商品	投稿にタグ付けされた商品です
商品タグの商品グループ小売店ID	投稿にタグ付けされた商品の商品グループ小売店IDです
商品タグの小売店ID	投稿にタグ付けされた商品の小売店IDまたはSKUです

IGTV動画投稿のインサイト	
指標	解説
ビュー（閲覧）	動画が3秒以上視聴されたときの再生数です
いいね！	IGTV動画に対する「いいね！」の数です
コメント数	IGTV動画に対するコメント数です
シェア数	IGTV動画の保存数です
保存数	IGTV動画のシェア数です

出典：https://www.facebook.com/help/instagram/788388387972460
https://help.instagram.com/825941707897287

→ 注視すべきインサイトの指標

　PDCA運用する上で、特に注視したい指標は2つです。1つ目は見た人の中からどれくらい反応があったかという「コンテンツのインタラクション数」です。反応数やエンゲージメント数と言い換えてもいいでしょう。ただし、フォロワーが増えれば自ずと反応数も増えていきますので、エンゲージメント率（コンテンツのインタラクション数÷リーチ数）で定期的に振り返ることを推奨します。

　2つ目はどれだけの人がコンテンツを見続けたいと思ってくれたかを計

Chapter 01
Chapter 02
Chapter 03
Chapter 04
Chapter 05
Chapter 06
Chapter 07

Instagram運用の分析と改善

Chapter 01

Chapter 02

Chapter 03

Chapter 04

Chapter 05

Chapter 06

Chapter

07

測するための「フォロワー数」です。ブランドを愛してくれるファンを増やすための第一歩としてフォロワー、すなわち定期購読者を増やし続けていきましょう。

● 目的別の注視すべきインサイト指標
認知拡大
1. リーチ数
2. プロフィールへのアクセス
3. ハッシュタグ（ハッシュタグ経由でどれくらいの利用者にコンテンツが表示されたか）

ブランディング／フォロワーの増加
1. エンゲージメント数（いいねやコメントなどの反応数）
2. フォロワー数

誘導の増加／理解促進
1. リンクのクリック数
2. 保存数

コンバージョンの増加／購入
1. 商品の購入数（別途追跡が必要）
2. 商品ボタンのクリック数
3. 商品ビュー数

Instagramの目的によって注視すべきインサイトの項目は変わります。認知拡大フェーズではリーチ数やインプレッション数を計測する必要がありますし、理解促進フェーズでは公式サイトへの誘導数もサブKPIとして計測していく必要があるかもしれません。

初月分の振り返りを行ったら、翌月、翌々月は1.2倍、1.4倍の増加を目指して運用していくことを推奨します。効果検証を効率的に行うための分析ツールをご説明します。

Chapter 01
Chapter 02
Chapter 03
Chapter 04
Chapter 05
Chapter 06
Chapter 07

Section
02

分析ツールの活用

→ 無料ツールを活用しよう

　Instagram運用の分析を行うにあたり、さまざまなツールを知っておいて損は無いかと思います。実は、Facebookが無料で提供しているツールだけでも複数あります。最も手軽で簡単な方法は、スマートフォンからInstagramのモバイルアプリを立ち上げ、プロフィールのトップからインサイトを確認する方法です。

●Instagramインサイトでパフォーマンスを確認

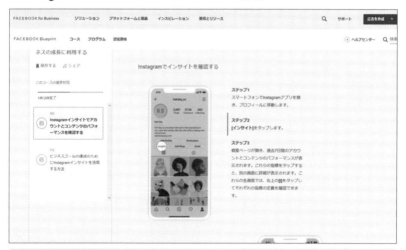

Facebook Blueprint
https://www.facebook.com/business/learn/lessons/use-instagram-insights-to-see-how-account-and-content-are-performing

Facebook Japan公式の学習サイトでもInstagramの分析について学べる

このInstagramインサイトの長所は、過去7日間または30日間のフォロワー数の変動やコンテンツに対する反応数が手軽に分かる点です。過去2年間の投稿をリーチの多い順や、いいね！数の多い順など、指定の指標で多い順に並べ替えることもできます。簡単な操作で一目で数値を可視化できるところが便利ですね。一方で、細かい分析には向いていません。たとえばAの投稿テーマ、Bの投稿テーマ、Cの投稿テーマでそれぞれどのような傾向があるか掴みたいときに、投稿をグルーピングできないのです。分析を深掘りしていきたい人は後半で紹介するツールを参考にしてくださいね。

Facebookが提供している無料ツールは他にもあります。ビジネスマネージャ、コマースマネージャ、Instagramアカウントと連携しているFacebookページ、クリエイタースタジオでもインサイトを閲覧できます。これらのツールはデスクトップコンピューターから閲覧できるという点が長所の一つですね。

この中でも特におすすめのツールは、クリエイタースタジオです。Instagramアカウントのコンテンツを効果的に投稿、管理、収益化、測定するために必要なあらゆる機能が揃っています。

●Facebookの無料ツール「クリエイタースタジオ」

クリエイタースタジオでは複数のInstagramアカウントを一元管理することもできる
https://business.facebook.com/creatorstudio/home

Chapter 01
Chapter 02
Chapter 03
Chapter 04
Chapter 05
Chapter 06
Chapter 07

Instagram運用の分析と改善

Chapter
01

Chapter
02

Chapter
03

Chapter
04

Chapter
05

Chapter
06

Chapter
07

Instagram運用の分析と改善

クリエイタースタジオは「https://business.facebook.com/creator studio/home」にアクセスし、画面上部のInstagramアイコンをクリックして画面の指示に従いながら、Instagramのユーザーネームとパスワードを使用してログインできます。InstagramとFacebookページを紐づけている場合は、Facebookのアイコンをクリックするとクリエイタースタジオにログインできます。

本書を手に取った方には、ぜひとも使ってほしいと思うほど、クリエイタースタジオはおすすめです。私がクリエイタースタジオを普段から使用している中で便利だと思う点を箇条書きで記載します。

クリエイタースタジオが便利な理由

- デスクトップコンピューターからフィード投稿やIGTVの投稿予約ができる
- フィード投稿の投稿文を入力する際、残りの文字数とメンション件数、ハッシュタグ件数がリアルタイムに表示される
- フィルターを使用して投稿ステータス（すべて、公開済み、アーカイブ済み）や日付でコンテンツを整理できる
- 投稿文で使用しているキーワードを用いて検索バーから投稿を検索できる
- 複数人で管理できるため、チームで活用しやすい
- 投稿のパフォーマンスを表示し、好評な投稿とそうでない投稿を確認できる
- カレンダーで投稿を一覧化できる
- デスクトップコンピューターからインサイトを確認できる
- 複数のInstagramアカウントとFacebookページを一元管理できる

このように便利な機能が目白押しにも関わらず、無料で使えるのが最大の魅力です。Facebookの公式ツールですので安心して使えます。ぜひ使ってみてくださいね。

●カレンダーで投稿を一覧化

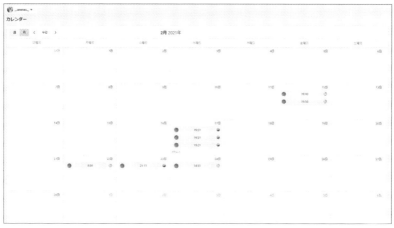

たとえば新商品の告知から発売、発売後の盛り上げまでをカレンダー上で可視化できる

→ 有料ツールを活用しよう

　いずれ無料ツールでは物足りなくなるときがやってくるでしょう。それはたとえばこれまでのアカウント分析に加えて、ハッシュタグ分析、画像解析、競合他社のアカウント分析などにも興味がわいたときです。また有料ツールはフォロワー数の推移や、投稿への反応をパソコンで確認できる上にCSV形式でダウンロードしてご自身で分析しやすい環境を作れます。

　企業が導入する代表的な有料ツールは、アイサイト、エンゲージマネージャー、コムニコマーケティングスイート、サイニス、ソーシャルインサイト、ベルーガなどが挙げられます。基本的にはどこもInstagramのAPIを利用してツールを開発していますので、大きな差はありません。金額によってできることが変わってきますので、まず分析したい事項の優先順位をつけながら、あとは分析画面の見やすさなども考慮しながら契約すると良いかと思います。

　トライアルプランを用意しているツール開発会社もありますので、よかったら一度試してみてください。有料プランを申し込めば、同業界の競合他社のアカウントとの比較や、ハッシュタグ分析も容易に行えます。ブランドの規模が大きくなるにつれて、分析したい項目も増えていくと思いま

Chapter 01
Chapter 02
Chapter 03
Chapter 04
Chapter 05
Chapter 06
Chapter 07
Instagram運用の分析と改善

Chapter
01

Chapter
02

Chapter
03

Chapter
04

Chapter
05

Chapter
06

Chapter
07

I
n
s
t
a
g
r
a
m
運
用
の
分
析
と
改
善

す。まずはトライアルや、ライトプランから試してみてはいかがでしょう
か。

●テテマーチ株式会社が開発しているInstagram分析ツール

SINIS（サイニス）
https://sinis.jp/

自社アカウントの成長に繋がるデータの一元管理や、競合他社アカウントのデータの収集・分析
を自動化できる

有料ツール一覧

- アイサイト：https://aiqlab.com/aisight/
- エンゲージマネージャー：https://engagemanager.tribalmedia.co.jp/
- コムニコマーケティングスイート：https://www.comnico.jp/products/cms/
  jp
- サイニス：https://sinis.jp/
- ソーシャルインサイト：https://sns.userlocal.jp/
- ベルーガ：https://beluga.uniquevision.co.jp/

効果測定

→ 効果測定の基本

さて、ここからはいよいよ効果測定です。基本的には、目標設定に対しての結果をふまえて改善案はどうしていくべきかを考えていきます。まずは数値を集計し、各指標において増加した要因、減少した要因を深堀りしていきます。

以下の項目をそれぞれ定量と定性で分析してみましょう。

項目	振り返りのポイント
目標数値との比較	● エンゲージメント率とフォロワー数 ● これまでの増減数との比較 ● 増減の要因
各配信面の投稿	● エンゲージメント率トップ3とその要因 ● エンゲージメント率ワースト3とその要因 ● ライブ配信の視聴者数、良かった点と改善点
利用者の声	● ハッシュタグ投稿数の傾向 ● タグ付け投稿の傾向
アクティブサポート	● 良かった点と改善点
運用体制面	● 良かった点と改善点

いざ振り返りを行ってみると、改善点が出てくるはずです。まずは箇条書きで書き出し、今後のアカウント運用に活かすネクストアクションを決めましょう。そしてネクストアクションの中でも、優先順位といつまでにやるかを決めたらあとは実行するのみです。

Instagram運用の分析と改善

Chapter 01
Chapter 02
Chapter 03
Chapter 04
Chapter 05
Chapter 06
Chapter 07

●要因を深掘りするときの例1

さまざまな視点で要因を深堀りしていきましょう！

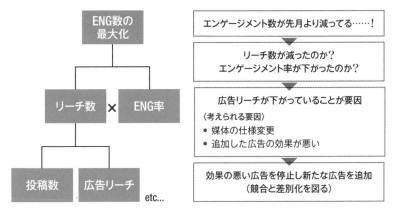

●要因を深掘りするときの例2

悪化要因を突き止めたら、どのように改善すべき？

　分析のポイントとしては、他社との比較はあくまで参考程度に留めましょう。それよりも、過去投稿と比較し、さらなる成長に向けて改善していく心構えが重要です。

　そして振り返りの頻度はどのくらいが適切でしょうか。投稿頻度にもよりますが、多くの企業は1カ月、6カ月、12カ月ごとに振り返りを実施しています。毎日インサイトを眺めるとなると気が遠くなる方もいらっしゃるかもしれませんが、1カ月に1回30分だけだとルール化してしまえば苦では無くなるのではないでしょうか。習慣化して改善していきましょう。

おわりに

　最後までお読みいただき、ありがとうございました。新型コロナウィルスの影響で苦境に立たされている中小ビジネスを支援するために本書を執筆しました。対面接客が難しい中でもInstagramを通して顧客と繋がり、ビジネスの成長に役立ててもらえたら筆者としてこの上ない幸せです。

　本書を手に取った方の多くは「これからInstagramを本格的に活用したいが、何から始めたらいいかわからない」または「店舗のInstagramを運営しているが、効果を実感しづらい」と感じていたのではないでしょうか。Instagramの運用に成功はなく、試行錯誤したその先に成果が待っています。コツコツと継続を続けた人にだけ与えられるご褒美のようなものです。本書にはコツコツ継続し、ビジネスで成果を出すためのヒントが散りばめられています。すべてを一度にやることは難しいですが、始められるところから一つずつ挑戦してみてください。

　Instagram利用者のトレンドはスピーティーに移り変わるため、あえて具体例はあまり載せませんでした。今この瞬間のトレンドの見つけ方、店舗運営においてトレンドを取り入れる方法、そして本質的なInstagram運用の戦略・戦術設計ができるノウハウを凝縮しています。本書を参考にしながら、ご自身のビジネス拡大における勝ちパターンを増やしていってください。

　InstagramやTwitterでのご感想は「#インスタショップ本」で投稿していただけたら嬉しいです。また媒体のアップデート情報やビジネスに役立つヒントを発信するInstagramアカウントを作りました。アカウント名は「@igshops_jp」です。ぜひフォローして最新情報をお受け取りください。もし、わからないことがあったら、気軽にコメントやダイレクトメッセージで質問してくださいね。

　筆者として、本書をお読みいただいたあなたのビジネスの成功を心から願っています。

著者紹介

鵜ノ澤 直美（うのざわ なおみ）

2015年に大手Web広告代理店に入社。
SNSコンサルタントとして様々な企業のSNS活用支援に従事。
テレビや雑誌、ラジオなどでInstagram企画の支援も行う。
またライターとして、若年層のSNSの使い方やマーケティングに関する記事を執筆。
フリーのフォトグラファーとしても活動中。

田村 憲孝（たむら のりたか）

一般社団法人ウェブ解析士協会 ソーシャルメディアマネジメント研究会（SNSマネージャー養成講座）代表。2010年よりTwitter・Facebook・Instagram・LinkedInを始めとしたソーシャルメディア運用コンサルタント。大手通信企業・著名アーティスト・地方自治体観光施策・国会議員など、様々な業種の顧客をサポート。2020年にソーシャルメディア運用に関する資格試験SNSマネージャー養成講座を創設し代表を勤める。LinkedInラーニングWebマーケティングコーストレーナー。京都市生まれ。

ビジネスを加速させる
Instagramショップ制作・運用の教科書

2021年 6 月30日　　初版第一刷発行
2021年12月16日　　　第二刷発行

著　　者　　鵜ノ澤直美　田村憲孝
発行者　　宮下晴樹
発　　行　　つた書房株式会社
　　　　　　〒101-0025　東京都千代田区神田佐久間町3-21-5　ヒガシカンダビル3F
　　　　　　TEL. 03（6868）4254
発　　売　　株式会社三省堂書店/創英社
　　　　　　〒101-0051　東京都千代田区神田神保町1-1
　　　　　　TEL. 03（3291）2295
印刷／製本　シナノ印刷株式会社